从优秀走向卓越

青岛超银学校高质量发展的探索与实践

CONG YOUXIU ZOU XIANG ZHUOYUE

QINGDAO CHAOYIN XUEXIAO GAO ZHILIANG FAZHAN DE TANSUO YU SHIJIAN

潘晓莉 主编

中国海洋大学出版社

·青岛·

图书在版编目（ＣＩＰ）数据

从优秀走向卓越：青岛超银学校高质量发展的探索
与实践 / 潘晓莉主编 . -- 青岛：中国海洋大学出版社，
2023.3

ISBN 978-7-5670-3398-6

Ⅰ . ①从 ... Ⅱ . ①潘 ... Ⅲ . ①中小学教育—教学研究
—青岛 Ⅳ . ① G632.0

中国国家版本馆 CIP 数据核字（2023）第 030924 号

出版发行	中国海洋大学出版社			
社　　址	青岛市香港东路 23 号		**邮政编码**	266071
出 版 人	刘文菁			
网　　址	http://pub.ouc.edu.cn			
电子信箱	yyf_press@sina.cn			
责任编辑	杨亦飞		**电　　话**	0532-85902533
印　　制	蓬莱利华印刷有限公司			
版　　次	2023 年 3 月第 1 版			
印　　次	2023 年 3 月第 1 次印刷			
成品尺寸	170 mm×240 mm			
印　　张	12			
字　　数	180 千			
印　　数	1～1000			
定　　价	59.00 元			

发现印装质量问题，请致电 0535-5651533，由印刷厂负责调换。

编 委 会

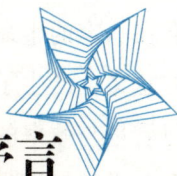

公办教育的发展日新月异，一些民办学校发展迅猛，成为教育方阵中的一支劲旅。之所以出现这样"公民同进"的现象，原因是多方面的，但其中呈现的向"前"看的局面，是其齐头并进的关键性因素。

只有向"前"看，才能避免向"钱"看。如果一味地追求经济利益，或许开始时会有所收益，但久而久之，会为钱所累，忽视教育质量；如果心中有教育目标，脚下有奋斗方向，就会坚持教育初心，前进的道路亦会越走越宽。

青岛超银学校（以下简称"超银学校"）是一所民办学校，在办学历程中一直向"前"看。超银学校并非全然不关心经济收益，否则，学校的未来发展就会失去支撑。超银学校是"见利思义""见得思义"的，即大有收益的时候，它考虑更多的是对教育进行投资，从而为学校更好地发展奠基。自建校以来，超银学校一直保持着持续又快速的发展，如 2018 至 2022 年，其斩获了一项全国和五项山东省的"唯一"荣誉；与此同时，它在老百姓心目中的美誉度和信赖度也与日俱增，成为青岛市教育界一张靓丽的名片。

在有的民办学校单纯为了学生成绩而战的时候，超银学校打起了"质量立校、育人为本"的旗号，形成了"六线育人、全员育人"机制，建立了"德育课程育人、德育活动塑人"两大系统。如王阳明所言："知者行之始，行者知之成。"从知"德育为本"要义的那一刻起，超银学校便雷厉风行地加入教育实践的行列中，不但在学校里形成了管理育人、教学育人、活动育人的场域，而且与社区、家庭形成了有机的结合，构建了多维互动的德育实践系统，还常年开展"学雷锋""夏日送清凉""冬日送温暖"等公益活动，通过义卖为平度市旧店镇罗头育德小学献爱心，在疫情期间为战"疫"一线捐款……

有时，这些活动的开展会占用学生的一些学习时间，可从长远看，能在他们的心灵深处种下一颗颗真、善、美的种子，随着时光的推移，这些种子会在一定的生命节点上开花结果。因为在这些德育活动中，学生明白了生命的意义，产生了学习的动力，拥有了积极的心态。而这些恰恰是提升学生学习质量与效率的核心要素，所以超银学子的考试成绩非但没有下滑，反而在青岛市处于领先的位置。

我曾不止一次到超银学校采访与讲学，那里的学生彬彬有礼、朝气蓬勃，让我不由得想起毛泽东"恰同学少年，风华正茂"的诗句。如果没有持之以恒的"育人为本"的文化熏染，是不可能拥有如此生命气象的。而高举质量立校的大旗，则是超银学校能够一直向前的根本所在。如果这一当下的景象让我们为之振奋的话，那么瞭望其未来应是一片辉煌。

在"育人为本"高歌猛进的同时，面对"双减"，超银学校的教学改革一直如火如荼地进行着。当诸多教师研究如何教的时候，超银学校大胆地进行了教学方式的变革，进而催生了学生学习方式的变革，若非如此，便不可能有学生主动学的景象，也不可能取得如此好的成绩。当师生在改革之路上同道而行的时候，在课堂上也自然而然地演绎了一场又一场的精彩。教师不再"一言堂"式地喋喋不休，而呈现"其言也，约而达，微而臧，罕譬而喻"的美妙景象，没有教学之苦，有的只是精神享受。学生不再感到学习是一场又一场的苦役，而是有了主动探索未知与合作共享的精神喜悦。恰如孔子所言："知之者不如好之者，好之者不如乐之者。"当学生学且感到快乐的时候，心灵愉悦的女神便不召而至，成绩的提升也就水到渠成了。

学校与家庭、教师与家长之间的和谐关系，也让本来就有着勃勃生机的超银学校有了新的气象。《周易》有言："二人同心，其利断金；同心之言，其臭如兰。"当家校共育将家长、教师和学生的心连在一起的时候，超银学校的发展就有了更大的潜力。

超银学校如此优质地快速发展还有一个重要的原因，那就是校长的品格与智慧。潘晓莉校长在继承前任校长先进管理思想的同时，有了大胆的创新。她的敬业精神、人格魄力，与其智慧灵性，共同谱写了一曲美妙的教育乐章，让超银学校"更上一层楼"。特别是 2022 年党的二十大报告和 2023 年中共中央、国务院印发的《质量强国建设纲要》都提出要建设高质量教育体系，更加坚定了超银学校树立质量观，坚定不移走质量强校之路的信念。

需要说明的是，我的这篇序言只是对超银学校发展得既优又快的原因做了点到为止的略述，有不少重要内容都没有提及。例如，学校自 2016 年导入卓越绩效管理模式后总结提炼的"和衡"素质教育质量管理模式（2021 年升级为"点亮人生""和衡"素质教育质量管理模式），对学校的发展起了至关重要的作用；其他校区校长与教师所写的文章，也从不同层面展示了超银学校不同凡响的精神美质。要想全面了解超银学校的发展史，且从中取其发展之"经"的话，还需认认真真地走进书中。诚如所愿，定然会收获大矣！

山东教育社编审、原总编辑，中国教育报山东记者站原副站长

陶继新

2023 年于济南

CONTENTS | 目录

第一章
质量是超银的生命

质量是一所学校生存与发展的命脉，超银学校坚守"质量立校、育人为本"的理念，导入卓越绩效质量管理模式，并总结形成独具特色的"点亮人生""和衡"素质教育质量管理模式，这也是超银学校获得第四届中国质量奖提名奖的核心竞争力。在追求教育高质量发展的道路上，我们一路且行且思，从优秀走向卓越的质量发展之路凝结了一代代超银人的智慧与探索。

培养适应未来社会发展的人

——解读"质量立校、育人为本"的青岛超银学校①

青岛超银教育集团党委书记、青岛超银学校校长 潘晓莉

超银学校在"质量立校、育人为本"的理念指引下，总结凝练出"点亮人生""和衡"素质教育质量管理模式，树立了优质教育的标杆。

一、育人为本，德育为先

【潘晓莉】青岛超银学校创建于1998年，经过20余年的发展，覆盖了小学、初中、高中12年学历制教育。在社会各界的关心和帮助下，超银学校已发展为青岛市知名热点学校，树立起享誉岛城的超银教育品牌。

【陶继新】在你们学校创办之后的几年内，全国的民办教育就遭遇了"冷冬"。你们学校不仅没有在这个冬天被"冻死"，反而如梅花般"凌寒独自开"，迎难而上，愈战愈勇，足见你们学校有着多么顽强的生命力！其实，在学校发展过程中，你们遇到过这样或那样的困难，正是在破解困难的过程中，你们不但积累了丰富的经验，也拥有了战胜困难的信心与决心。这种品质恰恰是成就一所名校必备的。

【潘晓莉】是的，民办学校本身生存就不易，发展更艰难，尤其是起步阶段。

---

① 本文为山东教育社编审、原总编辑，中国教育报山东记者站原副站长陶继新对青岛超银学校校长潘晓莉的专访，发表在《中国教育报》《教育名家》等报刊上。

我们之所以能生存和发展，是因为我们把育人作为首要目标，高举质量立校的大旗，以优质的教育赢得了家长的信赖。

【陶继新】这当是民办学校的发展之本，"本立而道生"。如果失去了育人之本，不但不能发展，连生存都成问题。从这个意义上说，大凡重利轻义的民办学校，到最后不但没能更好地发展，甚至会走向倒闭的深渊。

【潘晓莉】您说得太对了！民办教育是改革开放的产物。这些年，我们见过不少民办学校把追逐经济利益放在首位，最终被时代淘汰。而我们超银学校从办学之初就坚持"育人为本"。经过多年的摸索，学校的德育工作形成了自己的特色，以德育为载体，形成了"六线育人、全员育人"的机制，建立了德育课程育人和德育活动塑人两大系统。

【陶继新】《大学》有言："自天子以至于庶人，壹是皆以修身为本。"这一至理名言不但作用于齐家、治国、平天下，对民办学校的发展也有着极其重要的意义。所以，在办学过程中将德育放在首位，就会因有了牢固的根基而有了持续发展的动力。

【潘晓莉】在办学过程中，我们始终坚持"立德树人、德育为先"，杜绝重智育轻德育、重教书轻育人的现象。重视德育，学生的整体素质和精神面貌得到了切实的提升。为什么超银学校的学生讲文明、懂礼貌，在校园里、走廊上见到老师就主动鞠躬问好？为什么超银学校的学生在公交车上、图书馆里能彬彬有礼、温文尔雅？为什么超银学校的学生能见义勇为，主动扶起在路边摔倒的老人？这一切都要归功于我们扎实的德育工作！

【陶继新】我看过央视主持人白岩松的一次演讲，对我触动很大，他讲了一个小故事：一次，协和医院在全国招生，一名考生突然晕倒被抬了出去。考场上一个女孩立即放下试卷，出去救助这名考生。等她救助完回到考场，考试已经结束了。她没有任何怨言，说："明年再考吧。"然后她走了。监考老师看到了这个过程，并将这一过程写给了协和医院。协和医院的有关人员调看了她前几科的考试成绩，决定招收她，因为她拥有当一名好医生所必备的良好德行。德行就是育人的根，根深才能枝繁叶茂！你们"育人为本"的理念深深地印在了学生的心里，外化为实际行动。学生的这些行为，筑就了超银学校一道亮丽的精神风景。而您的自问自答，则道出了"风景这边独好"

的核心原因。

【潘晓莉】谢谢您的褒奖。为了让我们的德育教育更有时效性，实现点、线、面全覆盖，我们也形成了全员育人的新格局，建立了六条线的德育管理网络，形成"管理育人，教学育人，活动育人，社区、家庭、学校互动，全员育人"的管理新格局。

【陶继新】育人不是空洞的说教，而是像您说的那样，是全员的义务。当育人无处不在的时候，学生的成长才有了真正的保障。

【潘晓莉】如您所说，教育无小事，事事皆教育。在全员育人的格局中，我们又进一步细化，构建了德育课程育人系统和德育活动育人系统。前者以国家课程为根，以核心素养为本，形成了丰富的课程体系。例如，国家课程主要承担着学生爱国主义、理想信念、生涯规划等教育，而学农、学工、场馆课程等地方和学校课程，则主要承担着学生的劳动实践教育等。三级课程融会贯通，既要达到提升学生学习力的目标，又要体现丰富学生生命力的内涵。

【陶继新】根据课程的不同属性，实施相应的育人方略，可以有的放矢地对学生进行教育，并产生比较理想的效果。分工是必要的，相互融合渗透也有着积极的意义。

【潘晓莉】除了课堂的主渠道，学校还积极组织各种育人活动，"学雷锋""夏日送清凉""冬日送温暖"等公益活动已经成为我校的品牌活动。超银学校的学生积极地履行社会责任，多次在举国瞩目的事件中展示出自觉性和主动性。2012年，被青岛市媒体广泛报道的"超银学校的学生扶起倒地老人"的新闻，引出了学校支持学生见义勇为的"撑腰体"，就是学校"学雷锋"教育的一个缩影。2018年，在震惊全国的"重庆公交车坠江事故"发生后，我们学校的学生自发组织开展了文明倡议活动，号召全市中小学生一起为维护社会公共秩序贡献力量。学校的文明倡议引起了媒体的广泛关注，中国教育新闻网等多家媒体对此次倡议活动进行了全面报道，为超银学校学生的社会责任感点赞。2020年初，在新冠肺炎疫情蔓延全国之际，我们的学生面向社会发出倡议，并且录制了防控疫情视频，通过多种形式为防控疫情贡献自己的力量。

【陶继新】活动是实施德育非常有效的载体，因为活动中的德育对学生来说有时候是处于"隐身"状态的，但可以让他们在乐在其中的同时，受到潜移默化的教育。同时，你们的活动有的在校内，有的在校外，这让教育有了更大的空间，也有了更深刻的意义。学生终究是要走向社会的，现在的活动是为他们未来做一个有品格的人的热身，也是培养其优秀品质的有效途径。再者，你们有的活动具有即时性和民生性，如录制防控疫情视频，便在无形中培养了学生的人文情怀，让人性的光芒在他们心里悄然地生根和发芽。

【潘晓莉】我赞同您的观点，德育确实有"隐身"属性，因此，我们强调润生于无形，德育在细节。有了德育课程和德育活动两大系统的支撑，接下来我们要做的便是大力推行德育精细化管理。比如，学校每月会确定一个行为习惯养成重点，通过反复训练逐步让学生养成良好习惯。为培养学生的礼仪习惯，学校干部教师率先垂范，开展"师生礼仪"活动，师生见面时教师能主动与学生打招呼、问好。走在超银的校园里，"老师好！""校长好！""同学们好！"。再如，学校充分利用语文学科的特点来培养学生良好的书写习惯，午自习课中单独设立写字时间，并从坐姿、握笔、字帖的选择等细节入手，加强对学生书写习惯的训练，效果明显。

为培养学生的生活习惯，学校抓住午餐的细节，开展了"节约一粒米、一滴水、一度电，争当节能小标兵"活动，看谁最主动、最及时地关掉水龙头、电灯、空调、电脑等，从细节中发现学生的闪光点，培养学生的生活习惯。

正是学校注重了德育活动中的细节，才使得每项活动都开展得很成功，在提高精细化管理水平的同时，收到了良好的育人效果。

【陶继新】育人无小事，而是因其大，才更应当细。老子曰："天下大事，必作于细。"只有眼中之大而没有实践之细，育人就很难落到实处。书写习惯的培养，看起来并非大事，其实不然。古人云："文如其人。"其实，很多时候，也可以说"字如其人"。坐姿、握笔和字帖的选择这些小事，与学生的身心健康和是否能够写好字息息相关。而且，当他们端端正正写字的时候，也在无形中让他们学习如何端端正正地做人。

每月确定一个习惯养成很有意义，因为良好的行为习惯，大都需要一定时间的反复训练和培养才能形成。比如，您说的开展"师生礼仪"活动，看起来只是一种形式，可正是以这种日复一日的形式才逐渐培养了师生的文明礼仪习惯。

这些小之又小的生活细节，更能反映出一个人素养的高低。你们从午餐节约这个点入手，让学生懂得"谁知盘中餐，粒粒皆辛苦"的意义，并逐渐升华为一种节约的良好品质。

叶圣陶说："教育是什么，往简单方面说，只需一句话，就是要养成良好的习惯。"从细处着手，恰恰是习惯养成的最佳方式。

二、提炼"和衡"模式，以质量赢得信赖

【潘晓莉】2019 年，我们的育人成果得到了政府部门的高度肯定，青岛超银中学在这一年获得了青岛市市长质量奖。这一奖项是市政府部门设立的本市权威质量奖项。20 多年间，超银教育集团不断探索并推进完善了"和衡"素质教育质量管理模式，打造了超银教育的优质品牌，这正是青岛超银中学一举赢下市长质量奖的硬核实力。由此，超银中学也成为山东省首家获得市长质量奖的教育类单位。2021 年，我们又将"和衡"模式进行升级，形成了"点亮人生""和衡"素质教育质量管理模式，并依托这一模式获得了第四届中国质量奖提名奖，创下全国唯一的纪录。而"质量立校"的理念，也使得我们真正赢得了社会的信赖。

【陶继新】先后获得青岛市市长质量奖和中国质量奖提名奖实属不易，这是政府部门对你们办学质量的高度认可，也是你们取得卓越成绩理应收获的硕果；同时，它大大提升了超银学校在社会上的知名度、美誉度和老百姓的信赖度。

【潘晓莉】的确是这样。"和衡"模式是学校 2016 年导入卓越绩效管理模式后总结提炼的质量管理模式。"和"既有校区之间统一的办学要求，有和谐发展之意，又有和而不同的个性体现，即求大同存小异。"和"使师生和谐统一、教学相长，既体现了教学中以学生为主体、教师为主导的地位，又体现了中外兼济，吸收国际先进教育经验并践行的理念，是对"和合超银"的精准体现。"衡"，一有"均衡"之意，注重教育公平，各校区师资均衡、设施设备均衡。教师对全体学生关心、关注，注重公平、公开、公正。二有"衡量"之意，对教师的教学及时进行测量、评价、改进、创新；对学生在学习上及时

进行测评、分析、指导、改进。"和衡"注重德、智、体、美、劳均衡发展，外应政策，内驱发展。

"和衡"模式立足教师、学生两大主体，以德育、课程、师资、创新、国际化五个方面为抓手，应用卓越绩效"方法、展开、学习、整合"的过程管理思路，利用现代企业管理的方式激活教育的发展，跳出教育看教育，促使学校从优秀走向卓越，不断突破发展瓶颈；以"和衡"为指引，初步形成了五个支撑的子模式；通过"专家引领""师徒结对""教师培养"等形式，构建了"3575"教师培养模式，即"三业、五力、七活动、五方式"。

【陶继新】对于学校的发展，教师起着关键性的作用。教师品格的高低与教学水平的优劣，决定着学生能否步入优秀的殿堂。你们的"3575"培育模式为教师的持续发展提供了可能。绝大多数教师都有发展的生命需求，也有发展的内在潜力，你们为他们的发展构建了机制并搭建了平台，从而让他们有了更好的发展走向。这不但让他们有了职业幸福感，也让学生又好又快地成长有了保障。

【潘晓莉】是的，我们一直把教师定位为超银的"脊梁"，追求教师队伍的整体均衡发展，使得我们的教育教学成绩能够保持"高位均衡"。超银学校设有教科研中心、心理健康研究中心、家庭教育指导中心、对外交流中心、科创研究中心和名师工作室；在全市首创教学总监职务，聘请全国知名教育专家和心理学专家全面引领具体工作；秉承"问题即课题""人人都是领导者"等理念，把课堂、课题、课程作为技术的孵化器，以领导者的眼光与姿态进行技术研究与实践，构筑了"并联生态圈"式的科研模式。

【陶继新】支撑教师发展的一个重要因素就是科研意识的觉醒与提升，而"并联生态圈"式科研模式的构建让教师的提升变为可能。每个人的生命意义不应当只体现为在同一个平面上滑移，而应不断地发展甚至超越，从而让自己收获生命腾飞的喜悦。超银学校的教师不但收获了当下的喜悦，还拥有幸福的未来。

【潘晓莉】我们鼓励教师去体验职业幸福感，这其实也是在为学生能够适应未来社会的发展、追逐幸福生活而赋能。我们坚持以德育为主线，以教学为中心，以教育科研为先导，集成"点、线、面"全方位的德育模式。关于超银学校的德育教育特色，我已于前面系统地进行了阐述，在这种集成"点、线、面"全方位的德育模式培养下，超银学校的学生无论在校内还是校外，都安安静静、干干净净、文明有礼、素养高尚，树立了良好的超银形象，赢得了社会赞誉。

【陶继新】有诸形于内，必形于外。德育滋养的是学生的心灵，外化出来的是他们高尚的行为。这不但树立了超银学校的良好形象，也让学生有了生命成长之本。如果说他们现在已经徜徉在快乐成长的长河里，那么他们还会因为品学兼优而铸造更加美好的未来。

【潘晓莉】是的，为了学生的终身发展，我们打造了开放、启发、优质、高效的教学模式，释放学生的学习力。我们学校立足课堂进行了改革，借助国内外专家的力量形成了课堂教学"1234"模式和课堂教学"三个6"策略，并在此基础上形成了独创的"教学创新七法"。这些方法给予了学生充分自主学习、探究合作的时间，有效地提高了课堂效率。

【陶继新】充分自主学习不但可以让高效成为可能，还会为学生积淀一种主动学习的积极思维，甚至有可能伴随其一生，让其未来演绎出万千的美丽。而探究意识的培养会形成质疑精神与创新品质，从而让学生的学习不再停留在纯粹接受知识的层面，而是有了自己的思想与观点以及相应的创新品质。这些恰恰是未来人才需要的品质。合作同样十分重要。未来是一个合作共赢的时代，单打独斗闯天下并大获成功的概率越来越小。只有与别人精诚合作、共同前进，才能走得既好又远。从这个意义上来说，你们当下所进行的改革，不仅提高了课堂教学的效率，还指明了学生未来的发展方向。

【潘晓莉】在致力于打造优质基础教育的同时，随着教育路径多样化的发展趋势，我们也在国际教育之路上不断探索，创立了"三维一体"的国际化模式。我们学校重视同教育发达国家的交流，积极探索，立足学校办学理念与指导思想，结合学生实际情况与发展定位，构建了应用型国际合作模式，开展了素质培养、师资培训、海外办学"三维一体"的国际合作模式。我们致力于海外办学的探索，已在加拿大温哥华建立了海外学校，招收 K～12 年级的学生。

【陶继新】邓小平所说的"面向世界"不是指只在理念徘徊，还指在实践中落地生根。你们已经跨出了可喜的一步，2021年加拿大超银学校在温哥华的招生，让国际交流有了更好的载体。走出国门，当然要吸纳国外好的教育理念，学习他们好的教学方法；同时，你们将有着中国特色的超银教育带到加拿大，在中国文化摇曳出璀璨风景的时候，让这种交流拥有更大的生命张力。

三、家校共育，凝聚合力

【潘晓莉】对于基础教育而言，学校和家庭都承担着非常重要的作用，2022年《家庭教育促进法》正式实施，更是把"家事"上升为"国事"。学校重在"教"，家庭重在"育"，二者缺一不可，且不能错位。正因如此，我们非常重视家庭教育和学校教育的有机结合，不断搭建家校互联的立交桥，构建全面育人的平台。

【陶继新】学校与家长有着共同的目标，那就是将孩子培养成品学兼优的学生。可是，有时候二者的理念与做法并不一致，所以产生摩擦成了常有之事。如果不能很好地解决这个问题，学校教育的质量与效果就会大打折扣。搭建"家校互联立交桥"，旨在让家庭与学校形成育人的合力，从而实现"1+1 > 2"的教育效果。

【潘晓莉】如何让"1+1 > 2"？这是我们一直在思考和研究的课题。家校沟通，首先要知道家长在想什么。对于学校而言，家长从某种意义上来说就是我们的"顾客"，只有以"顾客"为导向，不断提高家长满意度，才能让我们的教育合力更大化。基于此，学校自2013年就开始利用大数据通过第三方网络对家长开展满意度调查。调查内容涵盖学生在校日常学习和生活的方方面面，也涉及作业量、学生睡眠时间、是否存在有偿家教等比较敏感的问题。对于家长的满意度调查，我们每个月都会进行一次，从而确保及时并持续地了解家长的意见。数据的收集只是手段，最终目的是对数据进行分析和处理。每一次满意度调查后，各校区结合数据进行分析，通过全体教师会进行传达反馈，使学校自上而下全方位地了解家长对学校各项工作的意见，对学校工作进行针对性的指导。令我们感到欣慰的是，在最近几个学期进行的调查中，学校各校区的整体满意度都在92％以上。

【陶继新】要想实现家校的有效合作，必须清楚家长对学校提出的各种各样的意见与要求。你们通过第三方网络平台开展家长无记名调查问卷工作，让所有家长毫无顾虑地将意见与建议和盘托出。这样，学校就可以有的放矢地解决相应的问题，将很多未发生而有可能出现的问题消灭在萌芽状态；同时，大数据科学、迅速、便捷，为及时解决问题提供了可能。这不但消解了家长的顾虑与担忧，而且增加了家长对学校的信任指数。而这一切，都会让家校合作越来越好。

【潘晓莉】是的，基于大数据形成的报告，对于学校的决策也起到至关重要的作用。通过这些年对家长满意度的大数据调查和分析，我们越来越深刻地认识到，家庭教育对于家校协同合作、学生健康成长的作用实在是太重要了。因此，在知道家长如何想之后，我们要做的第二步就是指导家长如何做，用正确的教育理念武装家长的头脑。我们把家长请进学校、请进课堂。一方面，我们要求班主任做好选题，集中备课，就家庭教育问题对家长进行面对面指导，定期举办家庭教育论坛、家长大讲堂，针对学段衔接、亲子关系、沟通技巧等家庭教育中常见的问题面向社会举办讲座，指导家长解决实际生活中遇到的各种疑惑。另一方面，我们定期开设父母大课堂，邀请各行各业的家长到校为学生授课，通过这种方式拓展学生的视野，融洽亲子关系。

【陶继新】家长都爱孩子，希望自己的孩子能够接受最好的教育，但有时不知道如何爱，也不清楚先进的教育理念和方法。班主任面对面地对家长进行指导，有助于家长知道如何爱孩子。这样，班主任和家长可以同舟共济，教育好孩子。而有的家长不但对如何引导孩子更好地学习有所研究，而且是教子有方的家教典范，让他们为其他家长开设讲座，讲述自己的家教经验，可让其他家长受益；同时，还可面对面地解决一些家长当下的某些疑虑，从而产生立竿见影的效果。父母大课堂让学有专长的家长来校为学生上课，在让更多的孩子开阔眼界、学到新知的同时，让他们自己的孩子深感自豪，从而对自己的父母有更多的敬仰与信任，并由此紧密亲子关系。家庭的和谐，不但可以给孩子一个幸福的家庭环境，塑造孩子健康的性格，还会让这种和谐不经意间延伸，从而惠及更多的孩子与家长。

【潘晓莉】除了上述活动，我们也采取了一些"笨办法"，要求班主任以解决具体问题为抓手，将家访工作落到实处。班主任利用下班时间或者休息日深入学生家庭，对学生的学习、生活情况进行更加细致和全面的了解；发现学生的异常情绪，及时与家长进行面对面的沟通。对于情况复杂者，学校心理健康研究中心的专家和教师会共同协助班主任做好学生的心理疏导工作，凝聚家校合力。

【陶继新】家访似乎已经是一个相当遥远的"传说"了，可你们再次将其还原成一个真实。毋庸讳言，在当今社会进行家访，困难之大可想而知。可是，为了学生更好地成长，你们知难而进，足见对学生所爱之深。在家访中看到、听到的学生情况，有时在学校被掩盖了起来。可正是这种掩盖，成了学生出现问题的隐患。所以传统的家访在今天依然十分重要。教师的造访不但可以解决现存的问题，还会让家长于感动之余对教师多了一份敬意与信任。这些恰恰是家校合作走向成功的关键因素。

【潘晓莉】家访工作有助于我们建立高效畅通的家校沟通渠道，如何让这一渠道保持畅通？我们为每一个超银学生定制了"家校联系本"，从而保证教师与家长可以通过书面形式进行有效的家校沟通。还有一点，就是我们充分利用了班级微信群，让家校沟通时刻畅通。在超银学校，班级微信群绝不只是发个通知这么简单，而成了家长掌握、了解学生在校学习和生活，帮助家长更好地辅助学生学习生活的一个有效渠道。班主任和各科教师都会加入微信群，每天以视频或文档等形式与家长进行沟通、落实、反馈。每年暑假，超银中学的新生军训可以说是超银家长和学校建立家校沟通的起点。短短的一周时间，虽然家长与教师不曾谋面，但几乎每位家长都会被微信群里超银教师的细心、耐心所感动，如对健康的叮咛、学生在校的表现、每天作息的指导，事无巨细，甚至有家长慨叹"我这个做妈妈的都想不到这么细"。家长感受到了教师的认真负责，家长与教师也增强了对彼此的理解与信任。

【陶继新】学生正处于成长时期，身心问题常常相应而生。你们用这种方法，让不少问题没有了隐身之处，从而得到了及时的解决。有些即将出现或刚露出苗头的问题，在"禁于未发"之时便得到了解决，也就不可能出现"发然后禁，则扞格而不胜"的尴尬局面。教师不断地引导他们向着好的方向去发展，走向优秀也就有了可能。

【潘晓莉】您说得没错，只有家长好好学习，学生才能天天向上。2019年，超银学校的家庭教育再度开创了新局面，学校成立了家庭教育指导中心，聘请了家庭教育领域的专家作为学校的智库成员，多次举行家庭教育指导讲座，对超银家长进行指导。与此同时，学校承办了山东省教育学会民办教育专业委员会 2019 年度高峰论坛，以"家校共育，助力中高考"为主题，邀请省内各领域专家共同探讨家庭教育热点话题，得到了全省各地学生家长的踊跃参与。专业、深入、实用的讲座内容深受家长好评，家长纷纷表示受益匪浅。

【陶继新】承办这样的高峰论坛，说明你们具备了家校共育的能力，展示了你们在这方面的探索与成果，从而让更多的民办学校在"学而时习之"的同时，有可能在未来的家校共育探索路上结出硕果。从这个意义上说，你们还有了"己欲立而立人，己欲达而达人"的精神境界。

四、履行社会责任，培养高素养人才

【潘晓莉】建校 20 多年来，超银学校为青岛的老百姓提供了优质的教育资源；同时，我们十分重视履行社会责任。我们的愿景是办"政府放心、家长满意、学生喜欢、社会认可"的学校。为了这个愿景，超银学校一直在踏踏实实地做教育，并积极参与公益事业，致力于办人民满意的教育。超银小学从 2009 年建校以来一直坚持义务托管，超银中学、高中的教师在放学后、寒暑假义务辅导学生。学校每年都组织大型公益活动，积极投入人力、财力，参加、组织义卖和微尘捐助等活动。

【陶继新】正因为如此，你们学校才有了"志于道，据于德，依于仁"的格局，从而在社会上树立起一个有担当的优质学校的形象。教师义务为学生辅导，这不但可以让学生获取知识的滋养，同时，教师人格的光辉照耀至他们心里，让他们感动之时，有了见贤思齐的心理欲求。从这个意义上说，你们不只是在为学生送教，也在用精神照亮他们人格升华的前程。

【潘晓莉】教育人要有一种大爱，我们希望通过我们的行动去惠及更多的孩子，用我们的力量帮助更多的学校。2016 年底，超银小学几次到访平度市旧店镇罗头育德小学，在详细了解学校情况后结成帮对学校。超银小学的学生用自己义卖的钱向他们捐赠了很多生活、学习用品。2017 年 3 月，超银小学的外籍教师也加入爱心活动，一起参加了植树活动。2018 年 1 月，超银小学又在校园内进行了义卖活动，共筹得善款 27 750.3 元，这笔款项全部捐给平度市旧店镇罗头育德小学。2019 年和 2020 年，为贯彻落实中央关于东西部扶贫协作精神，超银学校又先后与贵州省安顺市西秀区刘官凌云学校、岩蜡乡三股水小学开展了"结对帮扶"活动，为加强东西部教育资源的交流贡献自己的一分力量。

【陶继新】你们的帮扶，有物质的，也有精神的。毫无疑问，这些学校的孩子与你们学校学生的家庭经济情况相差不少，所以，这种经济资助，属于应行之为。你们的帮扶行动，送去的何止是物质，还让他们感到城乡孩子人格平等的精神美质。从小培养学生关注弱势群体，让他们不分贫富卑贱地与其他薄弱学校的孩子交朋友，对优秀品质的形成会起到很大的作用。

【潘晓莉】履行社会责任的过程也是一个潜移默化的育人过程。多年前我们就在思索，随着超银品牌影响力的不断提升，我们是否能够打造一个更大的舞台，让"超银"走向社会，让更多的学生能够在这个平台上受益？伴随着这样的初衷，"超银杯"品牌活动应运而生。自 2013 年开始，我们就着力打造"超银杯"品牌赛事，由超银教育集团出资，面向全市中小学生举办各种赛事，所有学生均免费参赛。英语大赛、书法大赛、读书竞赛、演讲比赛、模拟商赛，以"超银"品牌影响力，为全市中小学生提供展示自我的平台，大力推动素质教育的发展。

【陶继新】学生喜欢这一系列的竞赛，只是有的时候因为交不上竞赛费用而望洋兴叹，你们解决了这些学生的困难，让愿意参加大赛的学生，都可以在大赛中一展才思。这让我想起了孔子的"有教无类"，教师对所有学生一视同仁的思想，移植为"有赛无类"的举动，不也闪耀着思想的光芒吗？

孔子的"仁者""爱人"思想历经 2 500 多年，依然闪耀着精神的光辉。这里的"爱人"不是圣人的也不只是成人的事情，孩子也有"爱人"的权利；同时，"爱人"不应当是只爱自己的亲人，还应当推而广之。从小在孩子心里种下大爱的种子，就可能在其心中生下根来，未来发芽并破土而出，长成参天大树。

【潘晓莉】是的，"爱"是每一个学生的必修课，"爱的教育"也渗透在超银教育的方方面面。只有一个懂得爱的学生才能成长为一个有责任感的人，才能成为一个幸福的人。2019 年中国人民解放军海军成立 70 周年之际，超银学校小、初、高学生共同参与，录制拍摄献礼 MV《我爱这蓝色的海洋》，得到了环球网、人民网、青岛市教育局微信公众号等十余家媒体报道，网络点击量突破 10 万次，这既是一次对学生的有意义的爱国主义教育，也为全社会带来了积极温暖的正能量。2022 年，超银学校周尚坤老师在家访途中就餐时主动辅导一位学习遇到困难的陌生学生的视频感动全网，并得到人民网官方微博、《中国教育报》官方视频号等全国数十家媒体的转发和后续报道。这段小火锅店上演的别样"师生情"让人们看到了超银老师心有大爱，在网络上掀起了一轮对广大人民教师的致敬热潮。

【陶继新】青岛系海滨城市，学生对海军有着不同于一般城市的敬仰之情。通过拍摄献礼 MV 活动，为保家卫国的海军叔叔送上一份"礼品"以作纪念，不仅富有创意，也让海军在接受祝福的时候，看到了这些孩子的可亲可爱及其美好的希望。而周老师对素不相识的学生自然而然的举动，在平实之中彰显出人民教师的高尚师德，向全社会传递了温暖的正能量。

【潘晓莉】我记得在 2020 年春节期间，新冠肺炎疫情蔓延全国，作为市北区民办教育协会会长单位，超银学校发起的捐款活动得到了全区民办学校的积极响应。超银率先捐款 5 万元，仅一天的时间，就为疫情第一线募集善款近 40 万元，这些善款已全部捐赠战"疫"一线。

【陶继新】"一方有难，八方支援"这一精神口号，在超银已经变成现实。如果说你们的捐款让人感动的话，那么向全市发起捐款活动，更让我们多了一份敬意。疫情在让人深受病魔折磨的同时，精神也遭受着摧残。从这个视角考虑，你们为他们送去的不只是物质需求，还有精神的抚慰与良善的祝福。

【潘晓莉】我们所做的一切，都是为了把我们的学生培养成人、成才。将来，等他们走出学校，走上社会，他们仍然有学习的能力，有生存的勇气，有做一个好人的执念和底线，那我们教育者的初心、使命就实现了。

随着国家对民办教育支持与规范力度的逐步加大，民办教育的明天是光明的，道路会越走越宽广。近年来，市、区各级政府和教育部门对民办教育的发展给予了高度关注和大力支持。自建校以来，各级政府、教育行政部门的领导多次到我校指导工作，对我们的办学水平给予了高度评价。2018 年，时任青岛市市北区委书记的郑德雁一行在教师节来到我校慰问全体教师，这不仅是对超银教师的肯定和激励，更是对全区民办教育的支持和鞭策。2019年，时任青岛市教育局局长刘鹏照等领导也多次带队来到我校进行调研，实地查看学校各项工作的开展情况，为民办教育健康有序发展指引了方向。超银学校是国家庞大教育队伍中的一员，为社会提供优质教育资源，走出自己的特色之路，是超银乃至全体民办教育者为社会服务的宗旨。我相信，许多民办和公办校长都像我们一样在尽心尽力办教育，大家都对中国教育充满信心。坚守在超银这块土地上，看着学校从小到大，从弱到强，每天做着很多人看来很普通的事情，是非常幸福的。我坚信，这样的坚守也是有价值的。

【陶继新】坚守需要顽强的意志与高尚的品格，不然，就有可能在遭遇困难的时候止步不前甚至放弃坚守。尽管您一句也没有提过超银学校在办学过程中经历过多少困难，却可以想象你们是如何克服这些困难的。其实，面对困难，你们往往有两种截然不同的心态：一是知难而退，前功尽弃，并由此生成一种消极的思维定式，即前面还有更多的困难，不管如何努力，都是不可能走向成功的；二是知难而进，决不放弃，这会生成一种积极的思维定式，即前面还会有很多困难，可不管多大多难，都要战胜它，而且会享受战胜困难、获取成功的心灵愉悦。显然，你们属于后者。之所以如此坚韧不拔地前行，除了上面说到的意志品格之外，还有一种社会职责与担当意识。正是因为如此，超银学校才有了腾飞的生命能量。过去是一路艰辛，一路收获，未来更会收获丰美的成果。

【潘晓莉】虽然公办学校是中央或地方政府投资建设的，民办学校是由国家机构以外的社会组织或个人创办的，但实际上，不管公办学校还是民办学校，都在贯彻党和国家的教育方针，都在使用国家规定的教材，都在为社会主义事业培养建设者和接班人。只不过民办学校主要是社会经费来源，公办学校是政府财政支持。我们提出了办"百年超银"的梦想，这也是在为社会办学、为国家办学。鲜有人知道肯德基的创始人是谁，但他创办的品牌享誉世界、家喻户晓。将来，老百姓只记得"超银"是优质教育的名字，不需要知道创始人和校长是谁，这所学校的教育理念能扎根在每个超银人心中，代代相传，足矣。

【陶继新】不愿个人名留青史，但愿超银名声远播。这是一种多么高的境界啊！从您的这种境界中，我们清楚地看到了超银学校的发展潜力。一个民办教育集团，离不开创始人的开创精神，也离不开校长的境界与智慧。正是这种精神与智慧，才让这个集体拥有了亘古长青的生命张力。

从超银高中现状探索
超银品牌的发展之路

青岛超银学校副校长、青岛超银高中校长 马振辉

青岛超银学校从岛城百姓知晓到如今成为全国民办教育的先锋，做出的业绩、获得的荣誉，不仅得到了政府和教育主管部门的认可，更赢得了百姓的口碑。20余年弹指一挥，超银学校为什么能发展到今天？为什么能获得第四届中国质量奖提名奖？本文试图从超银高中建校5年来的发展状况进行说明。以局部来回答整体的问题，难免有些片面，但窥一斑而知全豹，若能有知史明今之用，甚感欣慰。

一、艰难的起步，不凡的成绩

从建校之初艰难招收4个班到2021年扩招至8个班；从首届学生仅18人达公办普高线，到2020年以来录取的学生均在公办普高线之上，再到2022年录取分数线已逼近岛城优质高中"第一集团"录取线；从全校十几名教师到教职工近百人；2017、2018、2019三届学生参加高考，本科达线率超过70%……超银高中这所从零开始的民办高中，用了短短5年的时间便异军突起，格外引人注目，颠覆了社会对民办高中的认知……

时间追溯至2017年4月27日，青岛市教育局正式批准成立超银高中，当时距离中考志愿填报不足一个月，当务之急摆在面前：如何完成招生计划？招收什么分数的学生？在当时社会还不知道超银有高中，更不知道超银高中的志

愿代码，以及超银高中是一所什么层次的学校的情况下，招生难度有多大可想而知。还记得当时我到超银中学拜访一位资深校长，她是一位对青岛中学教育格局非常了解的老校长，除了表示一定会全力支持超银高中招生工作之外，她也诚恳地对我说："马校长，是不是咱自己的孩子也不会首选一所刚成立的民办高中？"这句话至今依然印在我的心里，也是当时百姓心中对超银高中的客观认识。

超银中学（广饶路校区）一名学生家长为了了解超银高中，曾多次来校访谈；还有的学生家长上午妈妈来咨询，下午爸爸携手来咨询，他们对超银高中的了解可谓全面细致。其实在当时，建校之初的超银高中有什么业绩能让家长放心？我们的办学理念让他们充满期待，我们的零起点又让他们担心——超银高中能否像超银中学那样优秀？超银教育品牌能否在高中继续延续优质？这些家长就是在这样的心态下毅然选择了超银高中，从某种意义上讲，他们把自己的孩子作为"实验品"，勇敢地"搏"了一把！

面对用心良苦的家长，我们的回答是坚定的：超银高中一定要办成与超银优质教育品牌相匹配的优质高中！承诺的事情一定要做到。2017级的首届师生以自己的教育智慧、努力拼搏的精神创造了超银高中可以载入史册的众多"第一次"。

超银高中第一次招生就大胆地把录取线定在600分，当年的青岛公办普高线是635分，民办高中线为440分。有同行惊呼："你们这样怎么能完成招生计划？"然而我们质量立校的信念是坚定的，招生工作的艰辛付出，让我们成功收获了2017级150名学子。至今难忘当时校内招生咨询会的场景，每次到会家长不足20人，他们犹豫不决的心理清清楚楚地写在脸上。相较而言，如今超银高中的校内咨询可谓火爆，600座的礼堂场场座无虚席，家长担心自己的孩子能否如愿进入超银高中。从第一次招生的星星之火到如今招生的火爆场景，超银高中的招生宣传没有不实之词的承诺，没有物质利益的诱惑，而是以优质赢得了学生和家长的信任。这得益于充分调研获得有效信息，科学分析确定招生定位，办学理念得到家长的认可，做出的业绩与优质管理赢得了信任，更离不开超银品牌的影响力。

第一次亮相2017年军训成果检阅场，是青岛市唯一一所获得资格的民办高中。英姿飒爽、步伐矫健的超银高中方队通过检阅台，成为超银高中的首次对外形象展示。

第一次参加新高考改革后的全省学业水平考试，100%一次性通过。

第一次参加全国高考听力考试，1/3 的学生获得满分。

第一次参加高考，超银学子震惊业界，在录取的生源水平不高的不利局面下，实现了低进高出，本科总达线率接近 80%。

有网络上的声音如此评论："衷心祝贺！超银高中从无到有，于近乎空白中崛起，证明了自己的实力。加油，再为青岛树起一面优质高中的旗帜，让青岛学生和家长多一分选择。"

这些"第一次"对新成立的超银高中来说是难得的机遇，面对机遇，是碌碌无为还是竭尽全力做出业绩证明自己？超银高中全体师生以优异的表现上交了一份令家长满意的答卷。超银人有机会绝不放弃，做事有精品意识，这就不难理解超银学校为什么能发展到今天。

二、做真教育，做实教育，树立科学质量观

"优质高中""优质教育资源"这些概念听起来简单，但是如何评价一所学校的"优质"？标准却未必那么容易达成一致。升学率高？录取分数线高？获得的荣誉称号多？毕业生发展好？这些好像都是标准，但在超银高中的办学者看来，却不是最主要的标志。

超银高中的办学初心就是坚定质量立校的理念，其内涵可以概括为两点：一是办学方向必须全面贯彻党的教育方针，培养德、智、体、美、劳全面发展的社会主义事业建设者和接班人，教育教学活动必须面向每一个学生。二是学校开展的所有教育活动必须坚持做真教育、做实教育的信念，即遵循教育规律，探究适合超银高中学生健康发展的教学方法，动员调动一切可以利用的教育资源把教育理念落到实处。在这一质量观的指引下，超银高中明确了六大办学理念，即坚定质量立校的信念，办人民满意的优质高中；以精讲、善导、激趣、引思的优质课堂，培养学生肯学、会学、乐学的学习品质；以尽职尽责的全程管理，为高校输送优质生源；师生手拉手一个也不丢，让每一个学生成才；讲文明、懂礼貌、肯学习是超银学生的基本素养；全面发展、快乐成长，让高中

生活充实、紧张、欢乐。

一位多次来学校视导的青岛市教育局领导听课后反馈："你们老师的课每年都有明显的进步，课堂学习氛围、学生的学习主动性真是难得。" 2017级学生参加山东省普通高中学业水平考试，一位入学基础较弱的学生所有科目一次性通过，作为校长，我给学生的家长写了一封信为其点赞。信中写道："我相信孩子得到的不仅是成绩的合格，更重要的是他们从中体验到了付出才有收获，学习创造快乐。我们着力要培养孩子肯学、会学、乐学的学习品质，正是在这样的一个个事件中养成的，这是一种终身受益的品质，比一次考试的分数更重要。"

一年一度的艺术节是爱国主义教育的良机，也是对全体师生美育熏陶的节日，超银高中艺术节真正做到了全员参与。一幅幅书法绘画传递出对中国传统文化的潜心体悟，一张张摄影作品表达的是对祖国壮美河山的崇敬与热爱，一声声赞歌是对祖国母亲的深情诉说，全体老师大合唱更是每一届文艺汇演的重头戏。一位家长说："原来只知超银老师教学好，真没想到艺术水平也如此了得！"学生也因为老师的精彩演出更爱自己的老师和学校了。一位学生说："超银高中的艺术节是师生共同的节日，这里没有看客，全是主角。我在合唱中学会了与同学相互配合，在朗诵中学会了控制音准，这些都将成为我未来道路上宝贵的经验。"就是这位同学，在此之前从来没有登上舞台表演的经历，之后考取了四川传媒学院播音主持专业，或将从此走上艺术人生之路，他当年的中考成绩比公办普高线低 68 分。

我们的办学理念把握住了正确的方向，落到了实处，得到了回报，已深入师生、家长心里，并被社会认可。坚持做真教育，做实教育，相信超银的明天一定会胜过今天。

三、建设一支高素质的教师队伍是关键

超银高中有一支优秀的教师团队，这是保证学校持续健康发展的基础。队伍建设主要有三个方面。

一是严格、规范的招聘制度。迄今为止，超银高中的全体教师均由校长面试，然后通过笔试、试讲、说课，由评委集体打分后选拔录用。2017级第一批

教师是由青岛市特级教师、青岛市教研员、重点名校教研组长组成的专家团队审核后录用的，如此高调的选拔机制，吸引了电视台、报社前来现场采访报道。如今看来，这是一步具有战略意义的"好棋"，既为学校的顺利起步打下了坚实的基础，选拔出一批好教师（之后的发展证明了这一点），又产生了良好的社会影响。如此严格的选拔机制并没有阻隔优秀教师来超银建功立业的决心，在某知名高中有过十几年教学经历、担任过副校长的老师来了，他说："我是冲着超银做真教育来的，在这个舞台上，我有做出业绩的自信。"某知名高中优秀班主任、分管德育的副校长来了，他说："我来超银就从班主任做起，在这样的学校，我会实现自我价值。"还有的老师应聘一次没有成功，说："我回去努力，争取下次成功。"

二是学以致用的校本培训。有了精心招聘教师是否就有了符合超银办学要求的师资队伍？答案是否定的。就像一支足球队，绝不是把一批明星球员集合起来就能打胜仗，学以致用的校本培训尤为重要。

校长组织的班主任工作例会每周一次，自建校以来从未间断，几乎全员、全勤。会上，年级组长、班主任会提出在教育活动中遇到的困惑或难以解决的问题，组织大家集体讨论，谁的办法好、符合教育规律且具有可操作性，我们就在民主讨论的基础上确定执行方案。这样的执行方案以点带面，既集中了校长教育理论的优势，又有班主任来自教育实践的感受。在之后的例会中，校长还会继续跟进执行反馈，使大家对教育规律的认识更深刻，班主任获得了教育效果的成就感，也丰富了自己的教育理论。

多年来，超银高中的班主任队伍在边做、边学、边提高、边成长中走过。有位教师，初任班主任时年轻气盛，在班级管理中时常与学生发生冲突，甚至有闹到校长室的经历。就是这样一位班主任，现在已成长为超银高中名副其实的优秀班主任、骨干教师，高一新生中有不少家长慕名而来，要求把孩子送到他的班里。他在班主任例会上说："超银高中搭建起一个优秀班主任成长平台，每周一次的班主任例会就是一次校本培训，我们一年有40多次培训机会。试想一下，有哪个学校能和我们超银高中一样有如此多的校本培训呢？"

培养学生肯学、会学、乐学的学习品质靠的是全体教师教学素养的提升，科学的教学管理是保障。学校建立起系统的教学管理程序，每一个环节都有具体的落实措施，都有达标水平的监管。以学情分析为例，学校以调研报告制度为抓手，让调研告诉我们背后的真情景，让教育规律告诉我们怎样解决问题，让调研之风成为超银高中的常态。如今撰写调研报告已成为超银高中教师的一种职业自觉。

三是创建凝心聚力的校园文化。学校发展靠管理，管理靠制度建设，但是再严谨的制度也不能替代校园文化建设对学校发展的作用，制度与文化相辅相成才是理想的学校管理。怎样建设优良的校园文化？超银高中教师团队和谐、团结、进取心强、集体荣誉感强，为超银品牌增添光彩是他们的心愿。他们遵守学校规章制度的自觉性极高，教育局领导每一次期初视导总有这样一句评价："你们师生的精神面貌真好！"教师团队的这些表现如果能长久坚持，就会成为学校的一种文化现象，成为一所学校教育资源的软实力。这种软实力靠什么去保持和完善？我总结了以下几点。

真诚与尊重：管理者做到对教师的真诚与尊重，即使是批评，教师也会感觉到友善公正，只有对教师的评价公正、准确、客观，才会产生团队正能量；荣誉观：荣誉是集体创造的，真正认识到这一点，才有团队的和谐；价值观：教师得到的回报是因为集体业绩的提升而提升的，突出业绩者要感恩集体成员给自己创造的条件，要感恩为超银品牌做出突出贡献者的付出，有了这样的统一认识，才会有步调一致的和谐。

对超银高中发展的回顾与反思，目的在于通过现象和细节发现规律与必然，我想这是一件有意义的事情。相信在全体师生的共同努力下，超银高中定能为办人民满意的教育建设贡献出自己的力量。

"5+1+3"
为九年一贯制注入生机与活力

青岛超银中学（镇江路校区）校长 赵存芳

近年来，小升初的话题越来越热。教育专家普遍认为，小学升初中是一个比较大的阶段跨度，因为初中学习的知识容量、难度、方法及对自主学习的要求和小学是完全不同的。那么，如何才能让新升入初中的学生尽快适应初中生活呢？这个问题的本质是育人。习近平总书记明确指出："培养什么人是教育的首要问题。"我们研究教育，更要着眼于教育的未来发展。一所学校提供的课程，直接影响这所学校对人的培养。为了让九年一贯制发挥最大优势，超银依托集团化办学优势，于2019年开始实施"5+1+3"教育新模式（即五年小学、一年小升初衔接教育、三年初中）。经过实践验证，这一模式受到了学生的喜欢，获得了家长的肯定，得到了优质的成果。超银的"5+1+3"模式之所以能够取得成效，可以用12个字概括：精确定位、稳中求变、有效衔接。

一、精确定位：以需求为导向

小升初衔接教育是指小学和初中这两个学段之间的前后互相连接和过渡，要从"师与生""教与学"进行全面的衔接。它主要解决如何铺垫搭桥，引导学生顺利过渡的问题，促使"师与生""教与学"尽早尽快地相互适应、协调运转，使学生顺利完成由小学到初中的平稳过渡。

经过探索与实践，超银学校抓住了这一衔接核心，确定了"5+1+3"的教育模式。以学生的发展和家长的需求为导向进行精准定位。那么这个"1"该如何衔接呢？针对这个问题，超银学校先后多次召开校长会和语、数、英学科组长会，结合学情进行研究讨论，最终明确了这一年的教育方向——稳步衔接，稳中求变。

二、稳中求变：学生喜欢家长满意

超银学校将"5+1+3"模式实施的第一年明确为探索年，力求做到稳中求变。衔接的这一年，任教教师全部来自超银小学，超银中学派出骨干教师每周参与小学该学段的集备，主要目的是向小学教师渗透初中学科特点、习惯培养和学习思维等方面内容，促使小学教师在平日的教育教学中进行适度衔接。为了让学生能在具体情境中感受初中与小学学习要求的不同，由初中语文教师担任小学诗词鉴赏课教师，这一举措受到了家长的高度认可。有家长在反馈中提出："超银学校发挥九年一贯制的集团化办学优势，整合初中优质教育资源，一方面利用'人'的优势，每周安排初中语文教师到小学部进行授课；另一方面，提高'物'的效用，通过潜移默化的熏陶增强学生对博大精深的古诗词的理解，有利于提升学生的语文素养。"

"5+1+3"模式实施后的第二年，我们又把步子往前迈了一点，在衔接的这一年里拿出两个班做试点，让初中教师更多地参与到教育教学工作中。一开始，学校也有顾虑，担心学生的接受程度。但是，超银教育集团信息化管理部的调查平台得到的期末数据和家长反馈打消了我们的顾虑。有家长表示："学校安排的教师都是初中部有经验的教师，他们熟知初中的知识体系，了解学生升入初中后需要具备的能力和素养，他们的参与让孩子感到非常充实和快乐。各科教师还注意培养孩子的预习习惯、自主学习习惯，鼓励孩子独立思考，培养小组合作的能力。感觉这段时间孩子学习的主动性、积极性提高了很多。马上要上初中了，我们家长不止没有焦虑，反而更省心了，做好后勤保障工作就行。"

三、有效衔接：让初中生活更有质量

经过改革和摸索后，我们也越发明确要在"1"这一年如何衔接才能提升有效教育教学质量并达到育人的效果。每周例行的所有任教六年级的中小学教师融合集备，互通有无，共同进步，做到"四统一"（目标统一、进度统一、教法统一、重难点统一），达成共识做好三方面的衔接——知识衔接、心理衔接、方法衔接。

　　知识衔接主要指的是培养学生温故知新、总结归纳的能力。在小学阶段，学生习惯在做题前先参照教师给的例题和模板，而在初中阶段，学生需要自己寻找知识的发生、发展和形成的过程，学会温故知新，举一反三，通过主动归纳总结灵活运用知识点解决具体问题。一个曾经对数学不太感兴趣、成绩也不太理想的学生在接触"5+1+3"模式后，其数学成绩得到了迅速提升。他说："老师培养了我的自主学习能力，现在我可以运用多种方法解题，还能经常上台给同学们讲题。多做一些拓展思维的题目，使我逐渐养成了探索、思考的习惯。"

　　心理衔接主要是为了解决学生升入初中后因为学习环境改变、课程增多等问题可能出现的种种情况而进行的心理教育。这就让经过一年衔接教育的超银学生比其他学校六年级毕业直接升入超银中学的学生在适应初中生活上有更大的优势。超银教育集团信息化管理部的大数据统计显示，相比传统教学模式，经过"5+1+3"模式培养的学生，在学业成绩、学习能力、学习态度与兴趣、心理调节、综合素养等方面的表现更加优秀。这充分证明："5+1+3"模式顺应了学生的身心发展规律，教育成果喜人。通过"5+1+3"模式升入初中的学生家长在给我们的反馈中写道："进入初中后的第一学期，孩子的各科成绩比较稳定，状态也不错，心态上也占绝对优势，这得益于学校的'5+1+3'模式。当其他同学还在对新环境充满好奇、存在不适应的情况下，孩子已经完全进入正常的学习生活中。"

　　方法衔接就是让学生进一步学会主动学习。在衔接的这一年，各科教师致力于引导学生高效学习、有效复习，不断提高和释放学生的学习力，注重培养他们的自主学习能力。"下沉"到六年级的初中数学郭老师经过一学期的教学实践后总结道："做好小初衔接，不仅要衔接知识，更要衔接能力。在'5+1+3'模式的实践中，我们首先做到知识上的衔接，将小学知识向前适度延伸，将初中知识适当下探，弥补断层部分。其次要做到学法上的衔接，培养学生重视预习的习惯，学习新课前教师通过下发预习学案，或者提出具体要求，让学生知道应该干什么；培养学生专心听讲的习惯，教师在课堂上及时纠正学生听课中走神的现象；培养学生的竞争意识和合作能力，充分利用分组法、积分法、组长负责制等，使组与组、生与生之间'赶、帮、超'。种种做法的直接受益者均为学生，让学生从'要我学'转变为'我要学'，让家长更加放心。"

教学上进行的精准衔接只是"5+1+3"模式的一方面，在德育活动上我们也进行了有效衔接，让六年级的学生和初中学生一起参加各类活动。比如，参与初中的选修课，培养多种兴趣，在校园诗词大会中接受传统文化的熏陶，这为学生顺利融入初中氛围奠定了基础。

"'5+1+3'模式走在了'双减'前面，作为家长，我们更加放心将孩子交给学校。""'5+1+3'小初衔接犹如及时雨，在小学阶段渗透初中的思维方式，积少成多，让学生受益颇多。""初中教师引导六年级学生平稳过渡，注重孩子自学、互助及素质养成的教育模式，这些做法着实解决了学生与家长的困惑，可谓独树一帜"……家长们对"5+1+3"模式成果的肺腑之言，让我们更加坚信这一模式是顺应学生的成长发展规律、顺应教育规律的有益尝试，也让我们对"5+1+3"模式充满了信心和期待。未来我们将继续在实践的基础上不断优化，让"5+1+3"模式更加稳定、更有质量、更有吸引力。

生命树，超银树

——以质量为超银小学发展奠基

青岛超银小学校长 戚燕冰

生命如树，人一生的经历组成了"生命树"，小学阶段正是这棵"树"的葱茏生长期，无限的念想在土壤里发芽，积淀养分，为成长为一棵参天大树做准备。2009年建校至今，青岛超银小学以质量立校，已长成一棵"超银树"，在教育的沃土中扎根、成长。全校师生怀着教育初心锐意进取，切中时代脉搏，重塑学校生态，让教育与时代发展大趋势同频共振，书写了无数令人难忘的篇章。

一、生根发芽：坚定的价值愿景提供动力

依托超银"和衡"模式，我们高质量、高品位办学，以先进的教育理念、优秀的师资队伍、优异的教学成绩、丰厚的教育成果、良好的学生素养，成就了一所高品质的学校。

不管何时走进超银小学的校园，总能听见或朗朗的读书声，或清脆的欢笑声，目之所及都是灵动的孩子、温润的老师。因为在这里，我们秉承"点亮生命，人人闪光"之标志概念，坚定"打造政府放心、家长满意、学生喜欢、社会认可的学校"之愿景，践行"砺志、铸魂、奠基、自立"之校训，以培养"身心丰盈、好奇乐学、思辨创新、主动笃行"的具有终身学习能力的社会小公民为育人目标；立足育人目标，我们架构"顶层设计高位、特色清晰凸显"的思

道 FD 课程体系，聚焦师生"两力·三态度"的提升，构建"六度·五表达"的自主能动课堂，从"14 条微习惯""回家六必做"微量入手，立足"五大关键能力""12 种态度"，在学习和活动体验中构建"五自"德育。

这样坚定的价值愿景仿佛生命之根，维系着超银小学持续发展的核心逻辑和基本原则，为全体师生提供着不竭的成长动力。学校也依托两大框架体系建构，高质量地走实超银优质教育品牌锻造历程中的每一步。

二、强干枝茂：高质量的教育保障体系奠基

一方面，我们以通达的结构管理，不断提升校园整体管理质量。

党建引领方面，超银小学在 2019 年 1 月正式建立党支部。党支部紧紧围绕教育教学中心工作，创设特色党建品牌"党照桃李繁·先锋三结合"，使学校党建工作高质量落地；在 2020 年度、2021 年度市北区学校绩效考核中，超银小学均获优秀等次，并被授予"市北区民办教育党员学习培育基地"。

教育教学管理方面，超银小学坚持以"以人为本、开放民主、全程支持、高效服务"的扁平化管理机制为方向，建立高效能管理体系；各校区实行"四统一"原则，扎实落地"合作共享"原则；坚持以目标为导向，实行目标管理制；实行行政线、业务线"双线并轨"与项目责任制，每位干部都有负责的业务板块和行政板块，统抓全校业务和聚焦年级发展"双线并轨"，全方位反馈、全方位跟进，针对班风建设、班级管理稍弱的班级，采取蹲点式专项立体调研，无缝衔接、无缝反馈、无缝跟进，以督促其及时紧跟学校的步伐。此外，超银小学还以"提升家长满意度"为切入点，以实施高质量的教育教学为出发点，切实做好六个全面工作：全面梳理学校提升支点、全面倾听家长声音、全面呈现开放包容的办学姿态、全面做好常规管理、全面深入课堂、学生全面参与学校管理，立足"高效、规范"全程提升，助推师生、家校和谐发展，有效提高学校管理质量。

通达的结构管理犹如强盛的主干，让超银小学高效运转、有机配合，支撑起"超银树"的成长，为全校师生的成长提供了强有力的保障。

另一方面，我们以专业的教师团队，不断提升教育教学服务质量。

教师是立教之本、兴教之源，承担着让每一个学生健康成长、办好人民满

意教育的重任。超银小学多种模式并举齐下，逐渐打造出一支政治素质过硬、业务能力精湛、育人水平高超的新时代教师团队。

以师德建设铸就专业底色。超银小学把师德列入教师考核的首位，以四个加强（加强师德学习、加强师德宣传、加强专项整治、加强氛围营造）为抓手，不断提升师德师风建设质量，以此引导教师关爱每一个学生的健康成长，为学生的可持续发展和人生幸福夯实基础。

以师能建构提升专业高度。超银小学多措并举，通过五条路径强化提升师能：一是外出研修，拓宽视野；二是提升能力，专家指导；三是基于研究，重视读书；四是骨干引领，发挥作用；五是立足团队，青年发展。为确保师能提升质量，超银小学持续打造"名师工作室""班主任工作坊"等核心团队，夯实"师徒结对，合作共赢"活动；每位教师每年制定发展目标与达成路径，形成"眼里有目标、胸中有热血、肩上有责任"的目标导向工作风格。

近两年，超银小学教师团队中有百余人次在各级各类比赛中斩获佳绩，展现了超银小学高质量教师队伍的风采与专业素养。专业的教师团队如繁盛的枝干，成为"超银树"树冠的有力支撑，也引领着超银学子的成长。

三、叶繁花开：高品质的教育实施体系铸魂

一是通过一体化的教学体系，促进教学质量提升。

超银小学不断精细化推进构建自主能动课堂，以 IB（国际文凭课程）教育思想为引领，积极构建课程、科研、课堂教学一体化的质量体系，培养面向世界、面向未来的人。

发挥科研引领作用，教学科研互促提质。超银小学扎实开展教科研工作，贯彻精确、细致、规范、深入的科研管理模式，硕果累累：成为国家社科基金重大项目"人工智能促进未来教育发展研究"联盟校之一，进一步推动教育数字化全方位赋能教育综合改革；国家"十三五"规划课题成功结题，青岛市"十三五"规划课题有序推进，市北区"十四五"规划课题顺利开题，2019年度、2021年度市北区"草根"课题顺利结题、完成开题，承办市北区小学语文一年级阅读教学研讨暨青岛超银小学低年级教研组集备展示活动，举办学术节，全校教师人人申报校级微课题，深入研究"两力·三态度"

的有效实施路径，促进教学质量不断提升；承办集团大教研，让作业真正撬动教育品质和育人品质的提升；2022年度山东省教育科学规划创新素养"专项重点"课题成功立项。

构建思道FD课程体系，着力培养学生能动性。思道FD课程的构建以育人目标为导向，以整合思想为重要指导思想，立足核心素养，着力培养学生的能动性，扩展视野，夯实学生的知识基础、能力基础。在思道FD课程理念下，国家课程、发现课程、特色课程和研学课程四类课程体系有了新的内涵及功能，切实通过课程实施达到育人目的。

超银小学正式成为项目式学习联盟校，持续为学生个性化发展提供肥沃土壤。超银小学开展了内容丰富的项目式学习；开设了独具特色的场馆课程，学科内的单元统整课程，为期一周共计30课时的打破学科壁垒的融学科主题课程，以及走出校门、在青岛这座城市大课堂中完成的研学课程，使学习与真实世界相连。

深耕自主能动课堂，重视提升学生学科素养。超银小学以"六度·五表达"为研究路径，全力构建自主能动课堂，不断提高教学质量。依托科学的教学管理，精准施策，打造轻负高效课堂，学生在近几年的青岛市学业质量监测中均取得了优异成绩。学校自主研发的"英语戏·说·悦·读"课程荣获2019年青岛市精品课程。

超银小学同样重视学生学科素养的提升，教师通过"一师一品""一班一特色"打造班级特色学科活动；每年举办学生素养节，内容涵盖八大学科，立足聚焦素养、提升素养，集中进行精彩纷呈的比赛及展示活动。

传承超银优质基因，集团化办学高品质发展。超银小学借助超银学校的发展优势，管理互通、研训联动、文化共建、质量同进，通过构建"5+1+3"小初衔接课程体系打破校区边界和学段边界，让九年一贯制教育新样态扎实落地，为教育均衡发展、提升教育教学质量贡献了力量。

教学质量是一所学校的灵魂，是实现教育目标的直接路径，也是决定教育质量的关键。一体化的教学体系如茂密繁盛的枝叶，成为超银小学立校重质的有力保障。

二是通过落地的育人体系，促进育人质量提升。

超银小学在构建"自觉、自主、自律、自能、自立"为内容的"五自"德育框架时，与社会大课堂相融合，全员育人、全程育人，微量做起、养成习惯，引导学生健康、主动、和谐发展，从生命成长中体验收获。

抓实三支队伍建设，"三位一体"全员育人。超银小学坚持全员育人，建立以学生为本的"五自"德育长效机制，从细节入手，聚焦"三支队伍"，打造更坚实的班主任队伍、更扎实的护导教师队伍、更切实的家委会队伍，让每一个学生的学习品质和心理健康、每一个家庭的文化气质和育人气氛前进一步。

创新载体搭建平台，畅通渠道全程育人。超银小学坚持全程育人，畅通以生活体验为主的"五自"德育渠道，通过四条实施途径全过程抓养成，确保德育教育落到实处。一是课程育人，创新"五自"德育有效载体，优化德育课程理念，拓宽德育教育渠道；二是活动体验，搭建"五自"德育生命平台，贯穿全年的"五大节日"主题教育活动，使德育回归生活、回归实践，提高德育的实效性；三是文化浸润，深化"五自"德育良好氛围，用文化浸润学生心田，帮助学生形成良好习惯；四是评价激励，确保"五自"德育实效，启用正面管教，使每个学生更加热爱自己、悦纳自己、超越自己，为"五自"德育理念精细落地保驾护航。

构建成长激励体系，加强建设组织育人。超银小学坚持组织育人，搭建以少先队建设为抓手的"五自"德育培养路径，不断增强完善"三个建设"（队伍建设、组织建设、活动建设），使学校少先队工作体制机制建设持续增强、少先队员自主能力及领导力不断提升。超银小学近两年多次承办市、区级大型少先队活动，被各级各类媒体报道；少先队大队获得2021年度市北区"红领巾奖章"集体二星章，少先队工作取得新突破，少先队组织影响力持续增强。

解锁家校共育新模式，共振同频协作育人。超银小学坚持协作育人，创造性地开展家校工作。例如，"爸爸工作坊"开启了家校社共育新模式，充实了"学习型家庭"体系；深层推进家长驻校办公与"校长'友'约"，家长大课堂的形式更加多元；各年级、各领域家长走进学校、参与学校活动，体验家校共育全过程，为每一个孩子成长在安全感与归属感满满的家校环境探索了新的路径，为孩子筑牢成长的后盾。

依托扎实落地的育人体系，培养出"五自"小公民。他们仿佛盛开的花朵，把"超银树"装点得姹紫嫣红，这是超银小学育人目标达成的美丽图景。

四、强根壮本：高品位的办学追求续新章

十年树木，百年树人。教育要有根，根是生长的起点，也是生长的依托；根系强壮，成长才会茁壮。超银小学着力从根入手，强根壮本，从教育的本质出发，从儿童自主发展需要出发，尊重每一个学生的天赋能力与不同个性，通过育人过程的整体优化，做有根的教育。超银小学也将坚持做有温度的教育，从更高的角度追求教育的生本化，通过两大保障体系实现全程、全线、全方位开放办学，希望超银的孩子成长为心中有爱、脸上有笑、眼中有光的人。

蓄力一纪，可以远矣。未来，超银小学将蓄一纪之力，秣马厉兵，厚积薄发，用文化引领品质，立高位铸就发展，奋楫笃行，勇开新局，向着我们的教育理想不断前进，打造优质教育新样态，为学生的幸福人生奠基，续写我们的教育新篇章！

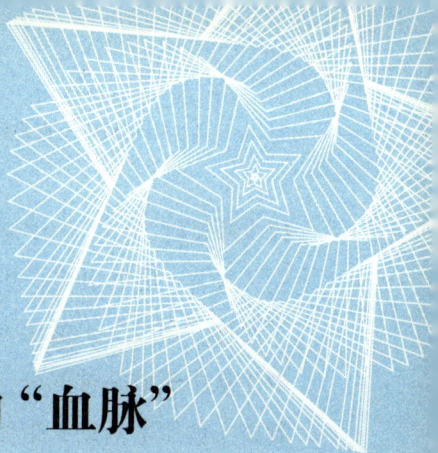

让质量立校融入学校的"血脉"

青岛西海岸新区超银学校副校长 冯强

2021 年，超银学校以"点亮人生""和衡"素质教育质量管理模式捧回了第四届中国质量奖提名奖。在此之前，超银学校也已斩获青岛市市长质量奖，荣获山东省民办教育先进集体、青岛市首批雷锋学校等荣誉。在提高教育质量的道路上，超银学校步履不停，坚持打造高质量的教育体系。

一、质量立校，抓好学校生命线

超银学校一直在用踏实的教育行动努力打造"政府放心、家长满意、学生喜欢、社会认可"的学校，致力于培养能担当民族复兴大任的时代新人。校长潘晓莉曾说："教育是什么？教育能为学生带来什么？这些都归结于质量。"超银中学之所以参评质量奖，正是基于这种对教育的深度思考。对于一所民办学校而言，如果其教育质量不过关，势必会被社会淘汰。而优质的教育质量需要的不仅是对于教育规律的透彻了解和准确把握，更需要"跳出教育做教育"的格局和视野。超银学校提出了"点亮人生""和衡"素质教育质量管理模式，以更长远的眼光为学生的终身发展赋能。

二、"五育并举"，培育新时代好少年

一直以来，超银学校始终坚持培养德、智、体、美、劳全面发展的新时

代少年。

德育，培根塑魂。为大力弘扬社会主义核心价值观，青西新区超银学校（以下简称"学校"）落实"爱心敬老"行动，将孝廉文化送进校园、社区，让青少年从中汲取精神养分，感悟道德力量，倡树社会正气。学校在假期经常开展敬老志愿服务活动，带领青少年入户探访社区高龄和独居老人，送去慰问品，弘扬中华传统美德，培育青少年的感恩之心。

智育，花开有声。学校督促教师加强科学教育和实验教学，广泛开展多种形式的学习活动，邀请名师来校示范教学，开设校长读书班、教师讲坛、课题论坛及观摩课、展示课，示范课等，开设师生大讲堂交流学习经验，举办综合知识竞赛、读书沙龙等活动，全面提高学生的学习能力，提升学生的智育水平。

体育，健康成长。学校重视学生体质健康，开齐开足体育课，搞好课间体育活动，加强对学生的心理健康教育；定期举办运动会、体育节等系列活动，积极组织代表队参加各级运动大赛；通过社团开展多项体育培训，开设啦啦操、阳光体育、活力大课间等特色体育活动，让学生走进超银，身心愉快，走出超银，一生豪迈。

美育，内涵发展。学校开设了十字绣、版画、摄影等丰富多彩的社团活动，培养学生的审美能力和艺术创作能力，开展惠及全体学生的合唱、朗诵、艺术节以及非遗传承实践等活动，参与重大演出，以弘扬中华优秀传统文化、革命文化、社会主义先进文化为导向，发挥示范引领作用。

劳育，收获成长。学校切实加强劳动教育，努力培养学生成为勤于劳动、善于劳动、热爱劳动的高素质人才。2021年，学校组织开展了每周一天家庭日活动。同走一条研学之路、共读一本幸福之书、开启一次艺术之旅、共享一场运动之趣、体验一回家务之乐等系列活动的开展，赢得了家长和学生的一致好评，增进了父母与孩子之间的感情，给了孩子一个温暖、快乐的童年，践行了教育培根、铸魂、启智、润心的使命。

三、人才强校，打造硬核师资团队

教师是教书育人的实施者，是学校的生力军。发展教育必然先发展教师。

建设一支学高为师、身正为范的教师队伍是学校工作的关键。在超银学校，教师被定义为学校的"脊梁"，他们不仅具备超人般的敬业精神，也注重积累自己的教育智慧。

为切实推动"双减"政策落地生根，将减负增效落实到每一节课上，超银学校定期组织各学科大教研活动。在青西新区超银学校举办的数学学科大教研中增加了"空中教研"方式，各校区初中数学老师通过线上、线下两种方式汇聚在一起，共同为构筑"双减"下的高效课堂贡献智慧和力量。

面对"双减"政策对课堂教学的更高要求，教师们准备充分、设计精巧，采用分层教学，让学困生不畏难，让学优生得到拓展；动手探究与小组合作让学生充分融入课堂；小组长和小老师的运用，真正实现了分层教学，使学生可以全员过关，学生自编题目，多角度创设问题情境，拓展了学生思维，激发了学习兴趣，得以将德育教育与数学教学紧密联系。

为循"双减"的内涵实质，促课堂教学的切实有效，也为进一步提升教师的专业素养，加快其专业成长，助推课堂教学质量，在超银学校的组织下，教师们利用寒假和暑假时间进行大教研。各教研组在组长的引领下，前期分工，集体研讨，代表分享，通过精研教学方法提高教学技能，在教学层面科学落实"双减"政策，为实现高效课堂，有效提高学生素养而不断蓄力。

四、家校合力，"金牌门童"推动高品质教育

超银学校创始人张勤董事长提出了"金牌门童"的教育服务理念。这个"门童"不是指真正的门童，而是一种精益求精地为全体家长和学生提供高品质教育服务的意识。

在办学过程中，超银学校多方面倾听家长声音，切实考虑家长的合理化建议，成立了家长委员会，配备了家庭教育专职指导教师。为了建立高效畅通的家校沟通渠道，超银学校为每一个学生定制了"家校联系本"，从而保证家长与教师每天都可以通过书面形式进行有效的家校沟通。班级微信群的建立，让家校沟通做到无时无刻不在。在超银学校，班级微信群的作用绝不只是教师发个通知这么简单，它是家长掌握、了解学生在校学习生活的一个有效渠道。种种举措均得到了家长的广泛好评，青西新区超银学校也连续荣获"青岛教育家

校共育示范学校"荣誉称号。

五、课后托管科学高效，为质量护航

课后服务不仅仅是"看孩子"，也不仅仅是单纯解决孩子放学后无人接的问题，而是真正推动"双减"的有力抓手和重要举措。服务的质量如何，最终决定着义务教育阶段学生的课业负担和校外培训负担的减轻状况和程度。学校不遗余力地创新课后服务载体，优化课后服务形式，丰富课后服务内容，让课后服务成为学困生补习辅导的摇篮，成为学有余力学生拓展学习空间的平台，成为有特长爱好学生凸显个性、张扬天性、放飞自我梦想的赛道，成为所有学生参与文体、阅读、兴趣小组及社团活动的舞台，为他们提供更加多元化的成长路径和成长方式，促进他们全面健康发展，成为让家长认可、支持，展示学校形象的窗口。

使命重在担当，奋斗铸就未来。现在的超银，不仅是一所民办学校，更是高质量教育体系的践行者。在党的教育方针的引导下，在上级教育主管部门的坚强领导下，我们定会坚守初心、勇担使命、攻坚克难、砥砺前行，奋力书写高质量发展新篇章，为教育事业做出更大贡献。

第二章
育人是超银的追求

国无德不兴，人无德不立。育人之本在于立德铸魂。教育的本质是育人，超银学校以立德树人为根本任务，依托"点亮人生""和衡"素质教育质量管理模式，通过教育塑造人性，孵化灵魂，启迪智慧。育人贯穿学校教育教学的全过程，渗透在德、智、体、美、劳"五育并举"的方方面面，体现素质教育的根本目的。

"五育并举"，筑起育人之魂

青岛西海岸新区超银学校校长 王升旭

党的十八大以来，习近平总书记围绕"培养什么人、怎样培养人、为谁培养人"发表了一系列重要论述。他明确要求把立德树人作为教育的根本任务，坚持教育为人民服务、为中国共产党治国理政服务、为巩固和发展中国特色社会主义制度服务、为改革开放和社会主义现代化建设服务，培养德、智、体、美、劳全面发展的社会主义建设者和接班人。围绕着立德树人，超银学校走出了一条"五育并举"的特色发展之路，在高质量育人方面做出了有益的探索。

一、高质量育人体系，首重德育

关于德育为首，《资治通鉴》中有精辟的论断："才者，德之资也；德者，才之帅也。"因此，学校教育要始终把德育放在首位。超银学校历来重视德育，自建校起，校训"砺志、铸魂、奠基、自立"八个大字就被全校师生牢记在心。开展德育工作，最重要的是做好爱国主义教育。青西新区超银学校的升旗仪式中有一项"校长说"环节，由校长对国内、国际近一周的时事挑选一到两条进行评述，落脚点就是进行爱国主义教育。校长站位高、看得深、讲话又比较有权威性，学生听得认真，爱国主义教育就像春风化雨一般，逐渐渗透到学生的心里，对教师也是一个启发和指导的过程。

同时，青西新区超银学校抓住节庆日和集会等契机，为学生提供了丰富的德育活动机会，并制定和完善德育课程体系，在活动中育人，在课程中塑人。比如，利用教师节、父亲节、母亲节实施感恩教育，师生同台演出，"小老师"管理班级，为父母做一天家务，给父母做饭、洗脚等活动，培养学生的感恩意识。体育节、艺术节、科技节等节日课程的开展，使全体学生都能充分参与学校德育活动，发挥自己的特长，提升核心素养。另外，教师抓住一切机会育人育心。比如，我们校区有一位老师常年担任班主任，疫情期间，班里两位学生家长因在抗疫一线不能及时照顾孩子，她就把学生带回自己家，做饭、辅导他们学习，让家长没有后顾之忧。还有一位老师在担任班主任期间，每周一早晨5点就带着行李，从市区来到西海岸新区陪伴学生。从早自习到晚自习，从周一到周五，直到周末她才能回到家中。记录她一天生活的视频"超银教师的一天"经过学校视频号发布后，引来家长、社会的无数好评。这样的事迹、这样的老师在超银还有很多。学为人师，行为世范，这就是最好的德育。

二、智育，育人也要育分

人的智慧水平要靠智育来培养，生产力和社会要发展进步，必须提高国民整体的智育水平，而检验智育水平的标准之一，就是是否掌握系统的科学知识和技能。"师者，所以传道受业解惑也。"向学生传授系统的现代化科学基础知识和技能，大力提高学生的科学文化水平并培养科学态度，为学生奠定比较完全的知识基础，这是新时代对学校智育提出的要求。在智育方面，超银学校有着非常独特的体系和方法。"智立方"学习体系、复习课"量联升实确馈"六字诀等学习习惯和学习方法的培养已被实践证明是行之有效的方法。近几年来，青西新区超银学校秉承超银学校的育人理念，在原有基础上针对本校区实际，又加入了"精准分层"教学法；在新授课、复习课、试卷讲评课等课型上深度挖潜"重组、激发、反思、改进"四步教学法等新教学理念和方法，既有同校同组教师激发内驱力的提问式集备，又有专家线上教研指导，还有市区级教研员现场调研听课等指导，"三位一体"教科研模式使全体教师受益匪浅，业务水平不断提高。

当前形势下，一些学校、校长、教师讳言教学成绩。但教育不能从一个极端走向另一个极端，笔者认为，只谈分数不是素质教育，但不谈分数也不是素质教育。落实"双减"政策，我们既要做减法，也要做加法，这已经成为教育界的共识。减去过重的课业负担，但必须保留必要的课业，要在"精练"两字上下功夫。青西新区超银学校率先开展晚托管，初中学生可以在校内吃晚饭，晚饭后有一个半小时的自习时间。精练且适量的作业、浓厚的学习氛围，再加上学科教师的个别指导，使得近乎100％的学生都能在校内完成当天的家庭作业，并根据自己的学习状况自主安排查缺补漏或预习新课。整个晚托管时间，各学科教师轮流值班。小学部放学后也有一个多小时的托管时间，为家长解除了后顾之忧。

有方法，可复制，能坚持，超银的智育水平得到了岛城人民的广泛认可。

三、为高质量育人体系贡献超银力量

学校举办体育活动的目的是促进学生身心健康发展，增强学生体质。要达到这个目标，体育课堂是主渠道。超银学校历来重视体育教学，"双减"政策出台以来，超银各校区都加强了体育教学力度，要求体育老师和其他学科老师一样，严格落实备课和上课常规，按照国家课程设置要求开齐开足体育课。从2021年9月开始，青西新区超银学校小学部率先实现每天1节体育课，体育老师利用每周比国家规定多出的1～2节课，充分发挥其专业特长，普及各种体育项目专业知识和技能，让学生在体育课上真正能够掌握1～2项技能，为他们将来的学习和生活打下良好的基础。

除了体育课堂教学，青西新区超银学校还致力于深度挖掘大课间活动，开启了"1+N"大课间模式。"1"即跑操，利用长跑锻炼学生的心肺功能，为参加其他体育活动打下基础。"N"即多种多样的体育活动。青西新区超银学校在美育和劳育上也进行了创新。每年开设的30余门选修课中，美育和劳育共有十几门，除了传统的音乐赏析、民族舞、街舞、合唱、素描、水彩等，还加入了富有地方特色的泥塑、剪纸、绢花，以及符合时代特点的插花、茶艺、烘焙等项目，为学生提供了充足的提高审美素养和手工技能的机会。青西新区超银学校几易其稿，制定了《青西新区超银学校劳动教育实施方案》，为劳动教育的课程化、体系化和专业化提供了制度保障和经费支持。

建设高质量育人体系，需要"五育并举"，需要教育系统的全方位参与，需要学校、教师、学生、家长的共同参与，同样需要社会的参与和支持。只有这样，我们才能够为党育人、为国育才，培养出合格的社会主义建设者和接班人。希望我们的努力能够不断为建设高质量的教育体系贡献超银力量。

悠悠教育路，漫漫育人心

青岛超银高中政教处主任 何莉莎[1]

党的十八大以来，习近平总书记多次深刻诠释对中国教育的理解认识。高质量的教育需要具有中国特色，体现中国要求，展现中国思想。全面贯彻党的教育方针，落实立德树人根本任务，发展素质教育，推进教育公平，培养一代又一代拥护中国共产党领导和中国社会主义制度、立志为中国特色社会主义事业奋斗终生的有用人才，这是教育工作的根本任务，也是教育现代化的方向和目标。实现全员、全程、全方位育人等重要观点，为学校教育要为党育人、为国育才指明了方向。

一、把立德树人落到实处

把牢千里航船之舵，扎实广袤精神之纲。从孔子杏坛讲学到孟母三迁，从朱熹置办学田到王阳明龙岗讲学，从中国近代史上第一所"国批国办"的京师大学堂到烽火中走出的西南联大，上下五千年，教育始终是中华民族发展进步的坚实基底；而贯穿其中的根与魂，在于德。

多年来，超银学校始终把立德树人作为改革的先导、发展的基石，始终紧跟党的方针指引，在育人队伍、育人过程、育人空间上协同发力。超银学校围

---

①本文作者曾在超银中学任职十余年，后调至超银高中。

绕全员、全程、全方位育人的生动实践，既体现了学校教育立德树人的内在要求，也顺应了新时代人才培养的发展趋势，把新时代党对义务教育阶段的育人要求落到实处。超银中学自建校以来，每天早晨必有一位老师在校门口迎接同学，师生见面会心微笑，相互鞠躬问好，拉开一天美好生活的序幕，这已成为超银中学一道靓丽的风景线。几乎每天早晨，都有过往的行人和送孩子的家长驻足观看。这样的教育坚持下去，才会使这种文明之风"习惯成自然"，带入家庭，带上社会。

二、聚焦全方位育人

聚焦育人团队，明确全员育人主体意识。超银学校经过多年来一代代新老教师对学生"成人"教育经验的积累，形成了"德立方"育人模式。班主任为首要德育工作者，任课教师在班主任的引领下采用搭档组合的形式，围绕"5W1H"展开。每位教师从时间上的每天、每周、每月、每年，到空间上的what（什么事件）、where（什么地点）、when（关键时机）、who（责任人）、why（原因）、how（如何做），明确学生在日常成长过程中的不同或特殊阶段该关注什么、为什么关注、如何关注。

聚焦育人过程，构建全程育人课程体系。全程育人的实质是把育人工作贯穿于教育教学和学生成长全过程，通过建构课程主题、课程活动、评价方式等方法推动教育教学活动与育才育德活动融入结合。打造学生喜闻乐见的德育课程是超银学校落实育人过程的关键。超银学校一直以文明礼仪教育为抓手，以学雷锋教育、慎独教育、感恩教育等为主线，结合重大节日节点，渗透日常生活的方方面面，通过学生层面的4I（即我的品格、我的心态、我与他人、我与社会）和4R（即读书、读事、读社会、读心得）让育人工作与时俱进，深入学生的内心。

所有德育教育的内涵都要通过行动来外显，其中最重要的就是将课堂所教通过实践转化为学生的能力素养，内化成学生的自觉行动。2021年，两个被抓拍的超银学生的视频在网络上被热议。一个是在风雨中主动收拾垃圾桶的超银少年，该视频后来被新华社官方抖音号转发；一个是在毕业离校前默默地和往常一样独自打扫楼道的超银毕业生。这两个学生是超银"四美少年"

（即心灵美、行为美、做事美、竞秀美）的代表，他们的行动打动了无数人，被网友赞誉为"教育的成功"。

聚焦育人空间，激活全方位育人多维思路。全方位育人意味着健全学校、家庭、社会等协同育人机制。习近平总书记指出："让社会主义核心价值观在少年儿童中培育起来，家庭、学校、少先队组织和全社会都有责任。"因此，超银学校致力于新的育人思路的探索与实践。首先，通过社会力量，以党带团、以团带队，党管教育改善教育生态的方式。学生通过参与学生会、团组织、各类公益社团组织等各级组织的活动，参与社会生活的方方面面，在行动中成长，让自己在"发光"的同时学习如何照亮他人。其次，超银学校内创新优化育人评价方式。通过智慧校园系统实现智慧育人管理，对每个学生的评价要多元化、可视化、日累计化，从而使最终生成的结果更加综合立体化。对学生的综合评价应以正向激励宣传为主导，成就阳光"四美少年"；不断发现每个学生的闪光点，树立榜样，让每个学生都有机会体验成长的乐趣，发掘自身的价值，获得青少年时期比较重要的价值认同感；建立心理健康研究中心、家庭教育指导中心，聘请专家为中心主任和顾问，定期、不定期地通过家校课程、个体辅导、团体活动等方式，为和谐亲子关系、培养学生的阳光心理赋能。可见，育人不仅要付出，还要突破、改变、输出。

三、为希望聚合力量

全员、全程、全方位育人始终贯穿超银学校办学治校和事业发展的始终：以德、智、体、美、劳"五育并举"为着力点，以落实"双减"政策为指导，构建"6维和衡"施教课程群，不断优化总体课程布局；以"塑造人性、孵化灵魂、启迪智慧"为攻坚点，从"人性、知识、能力"三大教育方向结合实际深挖育人课程体系；以"明德树人、至境治学"为办学理念，通过党、团、队等主题活动引导学生学史明理、学史增信、学史崇德、学史力行，强化育人价值观；以育人队伍建设为关键点，为希望聚合力量，打造高素质的教师团队，夯实人才培养的基础。

未来，民办教育的发展更加需要切实跟随党的全面领导，强化立德树人的育人角度，让学校教育发展与学生成长过程结合起来，与教书育人实践综合起来。让社会主义核心价值观教育覆盖学校，用中国传统文化底蕴撑起自己的脊梁。超银学校将继续坚持立德树人，培育能够担当中华民族伟大复兴大任的时代新人，为建设教育强国贡献力量，持续坚定走好超银漫漫育人路，办好"政府放心、社会认可、家长满意、学生喜欢"的优质学校，树立从优秀走向卓越的民办教育旗帜。

用爱与智慧陪伴学生成长

青岛超银高中数学教师 丁晓蕾

春天的美在于百花齐放、姹紫嫣红，而不是千人一面。那教育的美呢？每个学生都有自己的特点和个性，如果教师能激发每个学生的兴趣，把"让我学"变成"我要学"，让他们把自己的潜能发挥到极致，绽放出自己最美的姿态，鹰击长空，鱼翔浅底，岂不美哉？

"师生手拉手，一个也不丢"不仅是超银高中的一条办学理念，更是每个教师内心深处认同的观念。超银教师一边"优生""优育"，一边不放弃、不抛弃，争取让每个学生都能在超银高中绽放出最美的姿态。苏霍姆林斯基说："大概不会有教师不同意，我们教育工作中'最硬的核桃'之一，是对'困难'学生做工作。"我在超银高中也面临这样的问题。幸运的是，得益于学校各方面科学合理的管理，我有精力去思考一些学困生的学习问题。

这些学困生一般是从小学到高中积累了一些不良的学习习惯。他们往往觉得数学抽象难懂、枯燥无聊。怎么才能让他们爱学数学呢？怎么才能把他们的潜能发挥到极致呢？万事开头难，我的"全面开花"之路并非一帆风顺。

高一刚开学，我就开始了我的追梦之路。学生不勤快，我得勤快。我认真点、积极点，追着他们学就行了。一开始取得了一定的效果，最好的证明就是我任教的两个班级在高一上学期数学期末考试中都取得了不错的成绩。我以为自己的付出有了收获，但问题接踵而至。只要我一放松对学困生的管理，他们就会懈怠，单纯依靠教师盯或许在短时间内有效果，但并不持久。

苏霍姆林斯基说："要赢得学生的思想和心灵，把每个学生引向兴趣的发源地。每个学生都有自己的特点和个性，如果能激发他们的兴趣，把'让我学'变成'我要学'，让他们自己开花，品尝自己努力的果实，一定比我逼着他们学更好。"我所任教的一个班级，在高一刚开始就遇到了许多问题，数学学困生特别多。我根据学生特点因材施教，逐个帮扶，在班主任的协助下，数学学困生越来越少。

记得有个学生不是很用功，愿意学的学科他还能学点，不爱学的学科，逼着他学、求着他学都没有用。他就一句话："老师，您别管我了，我从小就学不好数学，我真学不会。"课余时间我一进他们教室，他就"逃跑"，怕我给他"开小灶"，补习数学功课。高一一年，我把很多学生的数学成绩提了上来，但这个学生依旧逃避学习数学。真正可怕的是，他对数学没有兴趣，也没有信心学好！

教育是一门爱和智慧相结合的艺术。没有学不会的学生，只有不会教的教师，一定是我的方法不对！知子莫若父，我再一次联系了他的家长，家长获知孩子的情况后，不停地向我道歉。我赶紧表明态度，向家长了解这个学生的喜好、个性。我从家长那儿取得了"真经"，接下来立马实施。临近暑假，我根据他特别薄弱的数学基础给他安排了独一无二的假期作业。听家长说，他特别珍惜我的鼓励。我很正式地给他写了一封信，大致内容是："你化学还不错哦，那数学一定没问题的。相信我看人的眼光，你一定可以……"然后，我交给其家长一些最简单的立体几何模型，由其代为转送。他的家长后来跟我说："孩子看着独一无二的数学作业很感动，他都放弃自己了，老师还不放弃。他说就听老师的，从初中最基本的运算和最基本的画图开始学。"

其实，我心里还是不安的，因为他一个暑假都不在我的视线范围内，只靠"感动"能坚持多久？而且他的数学基础太薄弱，会不会选择逃避？开学后的第一课，我们还是学立体几何，我让全班同学画最简单的正方体。惊喜的一幕发生了，他画出了一个有立体感的正方体！虽然不算完美，但是在平面的纸上画出空间的图对他而言已是质的飞跃。我赶紧肯定了他的努力和进步，全班同学也送给了他热烈的掌声。

当天晚上，他的家长给我发信息说："孩子今天回家可高兴了，说您表扬他了，从小到大还没有数学老师表扬过他呢！"我回道："他该感谢的是自己的努力和坚持，他肯定在假期下了不少功夫，我一直相信他可以学好的！继续加油！"

这几句鼓励和表扬激发了学生的信心和兴趣。慢慢地，他不再见着我就逃跑了，甚至会主动去办公室找我问问题，还会跟我开两句玩笑，他自己也觉得可以学好数学了。他说："我就是基础太差了点，但是现在入门了，有信心了，不愁了。"功夫不负有心人，他在高二上学期数学期末考试中取得了很大的进步，数学成绩位于班级前列。

这个学生的变化给了我很多启发。鼓励比打击有效，表扬比批评有效，精准表扬特别有效。我会用爱和智慧帮助更多的学生，激发他们的学习潜能，让他们绽放出最美的姿态。

法有异，爱如初

青岛超银高中英语教师 朱超

苏霍姆林斯基说："教育是人和人心灵上最微妙的相互接触。"我的理解是，真正的教育者要把自己的心奉献给学生，让爱走进学生心里。当师生达到心灵相通，这时进行教育所取得的效果才能实现最大化。正所谓，谁抓住了学生的心，谁就抓住了教育的关键。

一、爱要用力"说"出来

我会在期末考试后熬到半夜，坚持写下30多份评语。班里的俊以同学，偶尔会皮一下"翘"作业。我在他的作业本上写道："每每看到你的作业，我的心里都充满了阳光，谢谢你送给我美丽的心情！非常期待你明天送我的另一抹新鲜、温暖的 sunshine。"懋中同学英语语感较好，但单词掌握稍差，成绩忽上忽下，他却不以为然。课间我给他塞了张纸条："为师毫不担心你的能力，却万分担心你的基础。根基牢不可摧，成绩才能四平八稳。否则逢考就得掐指一算，自求多福。"俊智同学不够努力，考完试懊恼丧气，坦言："逢考别人是锦鲤，偏偏自己是咸鱼。"我现场回怼："智商已在线，爱拼才会赢，唯有努力才可能'咸鱼'翻身变'锦鲤'。"

或许是与学生心意相通，我的办公桌上时常会有嘉楠贴的小纸条："嗨，突然出现甜你一下！"小苑夹在书里的粉色小贴纸："无论过多久，才华满满、元气满满的朱老师都是我们最最喜欢的好朋友。"好苗同学的小私信:"我最最亲爱的您呀,谢谢您一直以来对我的教导。您改变我很多,特感谢您!"润萱同学的小卡片:"感谢您对我们的默默付出,感谢您对'英语作业钉子户'的不离不弃。一定要记住哦,我们很爱您!"

捧着这些小纸条,我泪眼蒙眬。看似大大咧咧的他们,其实个个都是心细如丝的贴心人;看似调皮捣蛋鬼,其实都是努力上进、有担当的少年。

二、"杀气"腾腾的课堂

教师培训会上校长反复强调:"真谛不是教出来的,而是悟出来的。"我认为,让学生主动去"悟"真谛的有效方法之一便是"抬杠",培养"杀气腾腾"的"杠精"。他们是班里的功臣,"杠精"的存在让班里的学习氛围更为活泼,同学们在嬉笑中不知不觉地拓展了词汇中的同义词、反义词、近义词、形近字、音近字……我欣赏"杠精"离奇的思维,时而邀请他们"参战"。"杠精"开心地手舞足蹈。这种"开小灶"的方式,对于他们是肯定,更是鼓舞;而我亦是内心窃喜。

在我的英语课堂上流行"双杀"游戏:一"杀",生生"互战";二"杀",师生"对战"。我时常鼓励学生无私分享,帮助他人的人永远是最大受益者。赠人玫瑰,手有余香。我给予学生充分的言论自由权,鼓励他们敢表达、敢辩论、敢抗议,激发学生的好胜心和表现欲。因此,我的课堂频频上演经典"对决",一个回合难定胜负。

在平日练习中,我鼓励学生做题不要追逐量,要走心。什么才是走心呢?我告诉他们:"带着你的答案与我辩论、争执,就是走心!"因为但凡走心做过的题,他们都会有独到的思考,经历过痛苦的抉择。

课堂上,学生先行"对战厮杀",我悄悄在一旁观察每组"对战"并适时进行调和斡旋。慢慢地,我成了"拨乱反正"的配角。不知不觉中,学生从"肯学"慢慢变为"会学",甚至"乐学"。

我与学生亦师亦友,"相爱相杀"。学生怕错过笑话,却在不经意间掌握了知识,也算是"意外"收获。电影《老师·好》中有一段经典台词:"人生就是一次次幸福的相聚,夹杂着一次次伤感的别离。"我不是在最好的时光遇到了你们，而是遇见了你们才有了这段最好的时光。少年们，愿你们早日成为今日的荣耀，明天的王者！

超银班主任的"兵法"

青岛超银中学(广饶路校区)英语教师 王艺凝

领到接手五班英语教学任务的时候，我顿时觉得身上的担子重了一些。定了定神，我开始思考如何与班里的学生共同相处、共同进步。暑假期间，通过家访、电话、视频等方式，我了解了学生的家庭情况、学习状态、生活喜好等，接着我开始逐步梳理如何做好每个学生的教育教学工作。

一、不树敌，学会化敌为友

郑同学是我进班级之后第一个注意到的女同学，因为她比较有"个性"，对老师说的话、安排的任务听不进去，仿佛故意与老师为敌。经过观察后，我开始想办法"化敌为友"。

第一个方法，我选择反其道而行——当众表扬她的"缺点"。每当看到郑同学"挑衅"的眼神，我就会对同学们说："我特别喜欢郑同学，因为她看我的时候，眼神里充满了光，让我感到很强烈的向师性。她是喜欢我的，连坐姿都那么端正。这样的学生，真让老师欲罢不能。"我每天每节课变着花样表扬她，后来，她真的成了我口中的向师性极强的学生。

第一个方法奏效后，我进行了第二步——私下提出改进意见。我曾在一周内私下跟她谈了四次。主要基调是表扬，然后潜移默化、婉转地告诉她应该怎么样做。因为有了第一步的信任，所以第二步也进行得非常成功，我与郑同学成了真正的好朋友。我坚信，每个学生都是天真善良的，我更坚信，每个学生都是深爱老师的，如果他们还不懂，那作为老师的我应该积极引导。

二、不心急，等待厚积薄发

假期里我就了解到谢同学在家里是如何"称霸一方"的——不愿上学、不写作业等。于是，我从开学第一天就想要收集一些有关他的东西。恰逢一场辩论会，我前一天给同学们布置任务，要求他们以小组合作的形式去完成。通过组内同学，我了解到谢同学那天写稿子写到很晚。我看着这歪歪扭扭的几行英语，满心欢喜，因为这正是我日思夜想的东西！我郑重其事地对他说了一句："我会收藏起来的，感谢你对英语的喜爱，对英语老师的喜爱。"回去之后，我便板板正正地把他的稿子放到了家里的书架上。

后来有一天，谢同学没来上学，没有写英语作业。了解到情况后，我第二天把他叫到班里，拿出他的那张英语稿，依然崭新。他看到后，一脸惊讶。我说："你对英语的热爱，让我惊叹，让我震撼。我很多年未曾见到为了一门作业这样认真的学生。我很感谢你对英语的热爱，可能你最近遇到了一些问题，但我坚信，你知道孰轻孰重，会在最关键的时候做出最正确的决定。"此后，每节课上我都会表扬、鼓励他，让他慢慢认同自己。不久后，我收到了谢妈妈给我发的信息，说谢同学最近变化很大，向我表示感谢。

所谓厚积薄发，无非是多搜集有用的东西，然后在千钧一发之际，"打"他个措手不及，然后每节课对他进行有针对性的表扬，让他认为自己很优秀。教育家班杜拉曾提出"自我效能感"这个概念，它是指个体对自己是否有能力完成某一行为的推测与判断。我认为，学生在学习过程中，其自我效能感有很大一部分源于教师的肯定。如果我们让学生确信自己有能力进行某一学习活动，他们就会产生高度的自我效能感，并会进行一系列的活动。相反，如果我们对学生的问题置之不理，甚至盲目批评、指责，将造成学生的习得性无助。

三、运用智慧，让家长心服口服

一天早上，我在微信中收到了一条好友申请，是邓同学的妈妈。加上好友之后，她发来了如下内容："王老师，诚恳又无奈地跟您说声对不起。昨天放学接孩子回来的路上她一路睡，回家吃完饭就开始忙活写作业。我在旁边陪着她，她实在是太困了。我担心她第二天上课再打瞌睡，坚持让她睡下了。作业没写完，请您谅解。"

我回复家长："学习比较累，即便没写完作业，也应该按时休息。我给这样的做法点赞。我会与孩子聊的，交给我，您放心。"

结束了与邓妈妈的对话，我开始为这一天做准备。到校之后，因为邓同学没交作业，我问她："你的作业呢？"邓同学紧张地说："老师，我昨晚实在太困了，趴桌子上睡着了，我今天一定补上。"我听完跟她握了握手，告诉她："好巧啊！我昨晚也太困了，趴桌子上睡着了，作业没有批改完，你看看咱俩多有缘分啊！不同的是，你以后会比我优秀。"她惊讶地看向我，眼里充满了疑问，而后又转为惊喜。整节课她都在自信满满地听讲。

下课前，我对全班说："我很欣赏这样的行为。时间到了，就应该安安稳稳地睡觉。为了完成一张卷子耽误了第二天的学习，得不偿失。相反，有些同学糊弄作业甚至上网搜答案，我非常伤心。这些同学没有把作业最真实的情况反馈给我，我怎么帮助他们呢？我欣赏邓同学这样敢于承认的行为，但我觉得也有解决的办法。如果她先写英语作业就不会出现这样的情况啦！我就会认为，她对我的喜爱指数达到了五颗星！"

当晚我又收到了邓妈妈的信息："王老师，我得知了女儿和您的对话。我真佩服您四两拨千斤的能力，也明白了为什么孩子回家总是说最佩服、最喜欢您了！您能与家长和孩子共情，我们能感受到心灵之间的呼应。"

我时常思考，教育的本质是什么？有人说，教育的本质意味着一棵树摇动另一棵树，一朵云推动另一朵云，一个灵魂唤醒另一个灵魂。我觉得在这个过程中，最重要的是我们想让学生变成什么样，然后把内心的那个优秀的人刻在学生的心里，时刻表扬那个影像，久而久之，那个影像就成了学生自己。这，就是我的班主任"兵法"。

小纸条搭建"心之桥"

青岛超银中学(广饶路校区)道德与法治教师 刘艳萍

正所谓亲其师信其道,良好的师生关系是教育教学的保证。在课堂教学中,与学生的一次特殊沟通给我留下了深刻的印象,也引发了我对如何拉近师生距离、建立良好师生关系的思考。

在一次思政课上,学生正按照活动要求画出自己的心情状态,进而学习了解情绪的作用,我也如往常一般在学生中观察巡视。走到小雨身旁时,看到她画的内容,我随口说道:"看来你最近的心情不是很愉快啊!"小雨吃惊地问道:"老师,您是怎么知道的?"我指着她的画:"从你的画里看出来的。""老师,您太厉害了!"小雨的情绪明显发生了变化。于是,我趁机说道:"因为什么事儿不开心呢?"小雨眼中闪过一丝犹豫与光亮,说道:"老师,我写给您吧。""好的。"我笑着答道。

简短的对话浸没在学生们认真绘制的自己的心情中,我和小雨的进一步沟通已悄然开始。一下课,小雨便迫不及待地走到讲台旁,将一张反复折叠的小纸条递给我,我默契地接过小纸条没有多言。回到办公室,我立刻打开了纸条,因为我太想帮助她化解烦恼,也因为我不想辜负她对我的信任。小雨在纸条中告诉我,她在最近的一次检测中成绩比较好,她的好朋友却遭遇"滑铁卢";在小学阶段,好朋友一直比她优秀,之后不知怎么的,好朋友对她变得冷淡了,这让她十分苦恼。了解了小雨的烦恼后,我反复思量,在纸上写下了我的一点建议："很欣喜你因自己的努力取得了好成绩。学习就是这样，有付出就有回报，有合作也有竞争。但学习上的竞争并不一定影响友情，或许你的好朋友还没有意识到这一点，又或许她还沉浸在自己考试失利的情绪中。不管怎样，看得出你很在意你的好朋友，也很珍惜你们的友情。那不妨和你的好朋友开诚布公地聊一聊，不要让误解冲淡你们的友情。比如，试着跟你的好朋友进行一次'比赛'，大家通过接下来的努力，在期末比试一下。但不管结果如何，事先约定好'友谊第一，比赛第二'。希望我的这点建议能帮到你。"一节课之后，我再次出现在小雨班门口，将纸条递给她。她眼中先是闪过一丝惊讶，然后又默契地接过纸条："谢谢您，老师！"说完她满脸笑容地回到了教室。

原以为我和小雨默契的沟通到此为止。几天后，我又收到了小雨的纸条。我心中既喜于她对我的信任，又忧于我的建议是否有效果。这次小雨遇到了新烦恼，她在纸条中告诉我，她的姥爷因为心脏出了点问题住院了，她的妈妈每天晚上都要去医院陪床。她很担心姥爷，为此，她最近吃不下饭，也睡不着觉，白天在学校上课昏昏沉沉的，作业也完成得不好。又一次沟通在我和小雨来往的小纸条上默契展开。我在纸上对她写道："看得出你与姥爷的感情很深厚，姥爷一定很疼爱你。如果可以，打个电话或到医院探望，让姥爷感受到你对他的关心。我想有了你的关心，姥爷会很开心的。积极的情绪可以促进身体健康（这一点我们在课上讲过的）。我知道，这段时间你很辛苦，少了妈妈的陪伴与照顾，你要更加照顾好自己，按时吃饭、睡觉，上课认真听讲，努力完成作业，用你的行动告诉妈妈你长大了，不要让妈妈为你担心。最后，记得给妈妈一个爱的拥抱，给妈妈温暖的力量，因为她更加辛苦、更加不易。愿你姥爷身体健康、早日康复。"

虽然之后我再没有收到小雨的纸条，但经过这两次的沟通，我和她的师生关系在不知不觉中拉近了。原本在课堂上不善言辞的她，开始变得主动举手了；原本在习题课上敷衍了事的她，开始认真对待并请我讲解错题了。之后的教师节，我收到了小雨的卡片，卡片上写着："刘老师，谢谢您在我烦恼的时候听我倾诉，在我无助的时候给我力量。您就是我的小太阳，照亮了那片黑暗。"看到小雨的留言，那一刻，我真想说："你又何尝不是我的小太阳呢？你灿烂的微笑给了我满满的幸福。"

　　一张张小纸条，成为师生心与心沟通的载体，搭建起师生关系的桥梁。当我们从学生的角度出发，搭建爱的桥梁，尊重学生，理解学生，为学生解忧时，我们就会收获学生的信任、尊重和喜爱，两颗心也会在不知不觉中拉近距离，最终建立起良好的师生关系。

做教育的"守望者"

青岛超银中学（镇江路校区）道德与法治教师 王辉

班主任工作是辛苦和琐碎的，不但要教好所任教的学科，还要培养一个健康向上的班集体，使每个学生实现德、智、体、美、劳全面发展，形成良好的个性品格。作为一名带了近20年初中毕业班的班主任，我回顾自己走过的"老班"之路，对教育的敬畏之情油然而生。

一、班主任要做到"三勤"

首先，腿要勤。要勤到班级中去，勤到学生中去，勤督促。每天上课之余，班主任要常到班里走走、看看、问问，以便发现问题能及时处理。只有这样，才能真正了解班级的基本情况，及时掌握学生的思想动态，及早发现学生存在的问题，做到对班级工作心中有数。

其次，嘴要勤。一方面，班主任可以跟各任课教师多交流，多问问班级中学生的表现，及时发现问题；另一方面，要多问学生，发现问题就及时提醒，每个学生都有闪光点、上进心、表现欲，要充分利用学生的表现欲，给予学生适当的鼓励与表扬，引导他们扬长避短，从而向好的方向发展。班上的刘同学头脑聪明，尤其理科思维敏捷，但他纪律散漫，有时还爱跟任课教师"抬杠"，时常不写作业，多次批评教育但收效甚微。我首先提醒自己千万不能放弃他，其次必须找到适合他的教育方法。经过一段时间的观察，我发现他属于个性极强又爱面子的学生，对班里的活动积极性很高。所以对待这个学生，我从不直接批评。我会选派他监督周围同学的卫生、管理班级的公物，并对他的尽职尽责及时给予肯定和鼓励，只要发现他的点滴进步就在全班同学面前表扬他。慢慢地，他的责任意识提高了，成绩也有了较大提升。由此可见，班主任不要吝啬对学生的表扬，要多激励。

我会像母亲对孩子那样"多唠叨"，让学生明白什么事能做、什么事不能做。要"蹲下来看学生"，即换一个角度看学生，因材施教。单方面的训斥、过分的包办会引起学生的抵触。班主任应把学生当作成年人来对待，尊重他们的人格和个性，解放学生，让他们有更多时间自我发展、自我超越。

再次，手要勤。从学生进班的第一天起，我就和他们一起打扫卫生。每次到班里，我都会先看看地面是否干净，卫生工具是否摆放整齐。如果工具不整齐，我会随手整理；如果地面脏了，我会在刚上课时利用学生读书的时间把地面打扫干净。我经常叮嘱学生："卫生要搞好，工具要摆好。这代表着一个班级的形象，需要大家一起维护好。"学生就像一张白纸，在这样的环境中耳濡目染，假以时日，必定会养成好习惯。

班主任要做的工作多且繁杂，因此，要注意培养班级的骨干力量，让学生自己管理自己。这样不仅能减少班主任面对繁杂事务的频率，还可以培养班干部的组织能力。我们班的一般事情由班长负责，但各项具体工作会分派至各个班委。早读及语、数、英三科我会安排专人负责，课间操由体育委员负责，学习由学习委员和各科课代表负责，卫生方面则把具体的打扫工作分派给每个人，每个组都有正副组长，最后由劳动委员负责检查。当然，班主任要及时检查指导，每天进行总结，表扬先进，指出不足。

二、读懂学生，巧妙化解危机

初中阶段是学生的人生观和价值观形成的重要时期。"德高为师、身正为范"对教师而言尤为重要。在教学管理中，班主任应一视同仁，不歧视成绩差的学生，不偏袒成绩好的学生，公平公正，才能深受学生的喜爱。

班主任不仅要爱学生，还要懂学生，成为学生的知己。带班之初，我会在短时间内尽快了解班级学生的性格，以便在管理班级的过程中准确地给学生"号脉"，找准症结，及时解决问题。

班上的李同学成绩不错，但是因为焦虑情绪而对上学产生抵触，时常不来学校上课。家长为此焦躁不安，导致矛盾激化，最后学生彻底不来上学了。我先做好家长的安抚工作，让家长冷静下来，然后去学生家里做学生的思想工作。我允许他迟到，但只要能起来就要坚持到校；我允许他做作业时根据自己的情况选择性完成，并和所有任课教师打好了招呼，不要因此而批评他。学生在这样的承诺下，压力大大减轻，愿意坚持上学了。初三下学期，他因为使用手机的问题又一次和家长发生争执，并在复习的关键时刻不来上学。中考前的最后一周，为了调整他的状态，我告诉他各科教师会强调中考前的要求，我还有神秘礼物送给他，让他坚持到校。他真的来了，最后开心地走进了考场。当得知他被心仪的学校录取时，他的家长流下了喜悦的眼泪。

我遇到过不少同类问题的学生，通过耐心地做工作，用有针对性的方法进行指导，问题都一一得以解决。每帮助一个学生，我的内心便有一份释然和喜悦。

教育不是夸夸其谈、浮光掠影，教育是一种良知的守望，要坚持一种操守。只有甘于宁静，方能致远。性天澄澈，何必谈禅，让我们守住初心，陪着学生在成长的道路上一路勇往直前。

让学生心底的种子"发芽"

青岛超银中学(镇江路校区)语文教师 周欢欢

闲暇之时，我看了一部名为《成长的秘密》的纪录片，其中一个孩童做语文连线题的情景让我陷入深思。

一道连线题，一组是快乐和绿色，另一组是大树和节日。以我多年的教学经验和思维来看，很明显，教师在考察他们的词语搭配能力，答案也清晰地出现在我们每个观者的脑海中。孰知，这个"粗心"的孩子竟连成"快乐的大树和绿色的节日"。节目里摄像大叔为此激动不已，赞许孩子的创意，可没想到的是，这个孩子固执地擦掉答案，改成了"快乐的节日和绿色的大树"。

看到这，我不禁暗自苦笑，我们的孩子是从何时开始变得思维固化且不再勇敢了？"快乐的大树"听起来明明更有创意，或者说，他把一棵树写活了，使之具备了人的情感。这其中的灵性，是多少大人所不及的。这又让我想起了画家毕加索的一句话："我一生追求的就是学习怎样像孩子那样画画。"十几岁时，他的画已经堪比古代大师，但他为何还要学习用孩童的视角去画世界呢？

雅斯贝尔斯曾用诗意的语言说："教育的本质是一棵树摇动另一棵树，一朵云推动另一朵云，一个灵魂唤醒另一个灵魂。"季亚琴科认为，教学是有知识经验的人与获得这些知识经验的人之间的交往。再往前追溯教育理论可发现，苏格拉底穷其一生创设了"产婆术"，采用"诘问"的形式让学生循序渐进地发现自己的不足，从而主观能动地获得知识。这些大师的共性是通过与学生进

61

行平等的交往及对话，给予学生个体足够的尊重，从而使学生与之进行推心置腹的交流。在这一点，我深有感触。有一年我担任初三一个班级的语文教学工作。刚开学的时候，我便有所耳闻，这个班级的课堂氛围十分沉闷，不管老师怎样引导，学生都是闭紧双唇，一言不发。当时年轻气盛的我总觉得只要自己进行合理科学的引导，课堂必不会呈现一潭死水之态。

作文课上，为了鼓励大家写真实的文章，我自曝"家丑"，让他们不觉得老师总是高高在上。比如，学生时代数学挂科的尴尬；军训与同学嬉笑而被老师训话的羞愧；课堂上不敢举手发言被班主任委婉教育的尴尬。在把自己的一件件糗事讲出来时，我便放弃了垂直教学的模式，不想按教师本位或知识本位的模式去组织课堂。自此，我离他们的心更近了一步。学生的眼睛不会骗人，我从那些清澈见底的眸子里读到了信任与喜欢。

接着，学校召开了声势浩大的运动会。我利用周末给他们布置了相关的周记，并一再强调拒绝唱高调，拒绝粉饰太平，拒绝假大空的内容。周一在他们的周记本里，我读到了一个又一个独特而鲜活的故事。有的学生认识到集体的力量；有的学生作为运动员，记录了赛场上波澜起伏的心路历程，明白了坚持的意义；有的学生默默付出，在赛场内外做着助人为乐的点点小事；有的学生记录了运动会上的趣事，惹得全班同学捧腹大笑。

读到这些的时候，我的内心是欢呼雀跃的。当我不再对他们的写作规定要求或进行效果预期时，学生的灵气像一团小火苗，开始有了燃烧的迹象。当我不再像个高高在上只会打鸣叫嚣的雄鸡，而是试着用平等的方式与他们开诚布公地交流时，他们把我视为同盟战友，开心地与我分享成长的点滴。最让我激动的是，他们终于学会了不受任何约束去写作，自由到不为讨好别人去写作。

先哲的教育理念像是我奔跑于教学马拉松中的火炬，在我如迷途羊羔之时，先哲便会站出来，向我娓娓阐述教学的最佳方式。对于教学，我时刻怀揣虔诚与谨慎，因为我怕走错路，哪怕是一小步的错误，对学生的伤害可能都是巨大的。他们的灵魂需要被呵护，他们的灵性需要被赏识，他们的未来需要我用爱与智慧来引导。

终有一天，我会做这样的老师——在我的课堂上，允许出现"绿色的节日"抑或"快乐的大树"般的答案。因为我懂得，那是一颗种子在发芽……

用心做好以爱为主题的事业

青岛超银中学(镇江路校区)英语教师 赵田

法国作家雨果说："花的事业是尊贵的，果实的事业是甜美的，让我们做叶的事业吧，因为叶的事业是平凡而谦逊的。"教师就像那默默奉献的绿叶，时时刻刻衬托着鲜花的娇艳。我没有轰轰烈烈的先进事迹，也没有催人泪下的感人故事，我只有一颗真心和向学生无限敞开的胸怀。当我用心去感受教育人生的脉搏时，不管是快乐还是忧伤，不管是充实还是迷茫，都是我生命中挥之不去的幸福。在多年的职业生涯中，我遇到过形形色色、性格各异的学生。班主任应怎样教育好学生，是我一直在摸索的事情。

一、师德导航，爱心铺路

每个学生都是一本书，是一朵等待耐心浇灌的花，是一支需要点燃的火把。他们的心理有时很脆弱，情绪易波动，教师若给予他们爱的关怀，也许会改变他们的行为。

我班有一位学生小A，脾气比较暴躁，受不得批评，有时他会和任课老师顶嘴。他非常害怕他的爸爸，因为爸爸对他的教育方式很严厉，导致他到初二有点逆反心理。有一次考试小A考得很不理想，他害怕回家面对家长的批评，晚上放学后不敢回家，在外面游荡。小A父母在家等得心急如焚，他妈妈跑到公交车站守着，一直没等到小A，直到晚上9点多，小A妈妈打电话向我求助。

听到消息后我忧心忡忡，立马换好衣服去和小A家长汇合，兵分两路开始寻找。突然，我看到马路对面有一个身影，直觉告诉我那就是小A。我隔着马路大声喊出了小A的名字，他顿时站住了。当时我满怀激动和心酸，悬着的一颗心终于落下了。

晚上我在小A家和他交流沟通到深夜，鼓励他、开导他，小A终于敞开心扉，说出压抑很久的心里话。他觉得这次考试很多分不该丢，平时学习态度不认真，没有考出自己的真实水平，很不甘心；觉得让父母、老师失望，心里难受，很有挫败感，不想面对，就只想逃避。我听了很心疼，其实每个调皮的学生都想成为优秀的人，只是在面对挫折时常因自己内心不够强大、爱钻牛角尖而自暴自弃。他们非常渴望得到老师和父母的支持和鼓励。我和小A共同总结了考试失败的原因，并帮他制订下一步的学习计划，疏导他内心的恐惧，帮助他积极面对挫折。通过这次事件，小A的父亲也和孩子进行了交流，亲子关系缓和了许多。打那之后，小A再也没有做出过激行为，因为他知道老师和父母是在意和关心他的。进入初三，小A的性格比以前稳重了许多，常常关心老师，帮助同学，成绩也一直在上升。

这次事件让我懂得，班主任要有一颗宽容的心。人无完人，每个人都有缺点和不足，在对待和化解学生过失的问题上，班主任应多一些理解，少一些指责；多一些宽容，少一些歧视。只有真心实意地爱学生，才能触摸到他们的心灵。

二、予人以阳光，爱出者爱返

教师是学生的引路人，用爱缝补翅膀，以心播散阳光。在每一个学生心中，教师是一个最亲切、最智慧、最伟大的形象。班主任要更加善于沟通，送学生一片温暖的阳光。

一个周日的上午，我突然接到小C的电话，听到电话里她无助和崩溃的哭声，我忙问她发生了什么事。小C哭着说爸爸、妈妈吵得很凶，甚至动手，两人要离婚，小C吓得躲在房间里向我求助。我先安抚小C的情绪，等她慢慢冷静下来告诉我事情的经过，并让她不要哭闹给父母添乱。周一，我把小C的父母约到学校聊了3个小时。为了小C的身心健康和学业，我尽全力让其父母达成共识，他们也答应我尽力而为。但事情并没有想象中顺利，小C每天在学校心事重重、心不在焉，学习成绩直线下降，每晚睡不好觉，担惊受怕。我很担忧小C的状态，那段时间几乎每天都和她的父母交流沟通，在学校也经常找小C谈心，鼓励她要坚强。坚持了一段时间终于有了转机，小C的父母为了孩子愿意好好沟通，努力给小C一个完整且温暖的家。小C的脸上终于露出了久违的笑容。她比以前懂事了，学习也进步并稳定了。

风波过后，小C妈妈给我发了一条微信："感谢遇到您这样一位有责任心、有爱心的老师，爱出者爱返，您将来一定会很幸福的。"这是我收到的最有幸福感的微信了。最近我又联系了小C妈妈，感受到了他们现在其乐融融的家庭氛围，我倍感欣慰。

教师是一份以爱为主题的职业。教师应用自己博大的爱去温暖每一个学生。水的状态取决于水的温度，人的状态取决于心理温度。三年班主任的心路历程使我认识到：教育的成功不仅在于培养最优秀的人，还在于培养有温度的人、懂得感恩的人、学会珍惜的人、天天有进步的人。

"有一千个读者就有一千个哈姆雷特。"我想说："有一千个班主任便会有一千种班级风格。"班主任带班要有爱和真心，也要有自己的风格与特色，如此，才会在教育生涯中展现属于自己的光芒！

一个班主任的自我修养

青岛超银中学（金沙路校区）语文教师 管静如

身教是学生信服的基础。教育心理学认为：班主任工作进行得顺利与否与老师在学生心中的威信高低是成正比的，让人信服的老师，工作起来往往事半功倍。教师要想使自己的观点被学生接受，就要形成愉悦的师生关系。而要形成愉悦的师生关系，首先要取得学生的信服，而要取得学生的信服应从身教做起。我们常说"身教重于言教"，教师率先垂范、以身作则，用行动这种无声语言发出的号召，对学生的影响是巨大的。当学生看到要求他们做的老师首先做到了，他们会认为老师的教育是可信的；当他们看到老师不仅做了而且比他们做得还要认真、还要好时，他们对老师的敬佩之情油然而生。这样在"信"而且"服"下，何教而不行呢？反之，班主任只知道滔滔不绝地讲道理，只会用纪律强行去约束学生，开始学生由于惧怕可能听，但久而久之，他们心里会想："就会要求我们，教育我们，你自己怎么不去做？"对班主任的道理就不再信了，对班主任的纪律要求自然不服了。学生一旦对老师不信任、不认同，班主任便无法使自己的正确教育沁入学生心田，无法达成学校的教育目的。

一、以身作则，班主任的必修课

每天的大课间跑操活动我都会陪学生一起跑。刚开始，学生不太喜欢跑步，我一直坚持陪着他们。对跑在最后一名的学生，我会在他身边一直鼓励他："坚持就是胜利"；有的学生喜欢把手插在口袋里跑步，我就在跟跑过程中时刻提醒他们，用行动感染学生。跟跑的时间长了，学生慢慢地喜欢上了这种热身方式。

班主任对所有学生都要一视同仁。当学生有进步时，我会及时给予表扬；学生犯错时，我会给予合理的批评与教育。我不会因为谁成绩好而心存袒护，也不会对成绩差的学生抱有偏见。班主任应该具有亲和力。情感像一根纽带，把教师与学生紧紧地联系在一起。在日常的工作中，班主任要用"爱"的思想来指导自己的工作。当学生表现好时，教师看似不经意地摸摸其脑袋或拍拍其肩膀、后背等，都会给学生带来很大鼓舞。在和学生交流时，我会注意自己的语气和语速，让学生感受到重视与尊重。

二、找出根本，用心帮助学生成长

班上有一男生上课睡觉，无精打采，对老师布置的作业置之不理，处处与老师作对，对长辈态度恶劣，叛逆心理强。一次，他影响了班级的正常教学秩序，我知道此事后，心里的怒火直往上冲，决心要惩治他。但是一番思考过后，我决定改变策略。于是，我整理了心情，换上平静的面容，把他叫到一个楼梯僻静之处，语气十分平和地问了他一句："课上是怎么回事？"此话一出，刚才表现得异常"勇敢、坚强"的他泪如雨下，泣不成声。过了好一段时间，他才止住眼泪。原来上课时，黑板上的一个图形老师没有画清楚，引起了学生的争论，他大声地询问图形的画法时，被老师误以为在讲闲话。他觉得在全班同学面前失了面子，为了维护自尊，才和老师发生了冲突。

在处理这件事情时，我如果不分青红皂白地批评一通，他心中的疙瘩可能很难解开。长此以往，他会对我缺乏信任，认为班主任和任课老师"官官相护"。我决定首先找出导致学生出现这些问题的根本原因，于是从他的父母、朋友那里进行深入了解。在与他父母的交流中，我了解到其父亲脾气比较暴躁，他与父亲的关系很差。同时，我向其父母反映该生在班上曾提及父亲的不是，且极为反感。他的父亲听后感触很深。我婉转提出了希望他们能树立榜样、用心关注孩子学习生活的建议。面对我的真诚，该生的父母触动很大，意识到作为家长，他们确实对孩子的关心不够，这对孩子的健康成长极为不利。接着，我利用课余时间与该生多次谈心。谈话内容先从父母说起，让他先说出对父母的看法，然后跟他分析父亲脾气暴躁的原因，暗示其父亲已经意识到问题所在，会慢慢改正。我告诉他只要用心同父母沟通，经常说说心里话，学会换位思考，就能避免出现代沟。他感觉到了我对他的关心和帮助，我对他的关心和不放弃从根本上消除了他的逆反心理，促使其发生转变。

三、换位思考，成为学生喜爱的班主任

初中学生一个最显著的特点就是"变"。生理在变，心理也在变。这个时候，老师常常会发现个别学生难管教，家长也会抱怨孩子越来越任性。班主任在教育学生的过程中，要充分理解学生、尊重学生，站在学生的角度，设身处地地思考问题。学生出现错误时，班主任不要过早下结论，武断处理，要允许学生说明原委，允许学生思考，允许学生改错。如果班主任把尊重学生放在第一位，充分考虑到学生的自尊，班级里的任何问题都会迎刃而解。

在教育学生的问题上，学校和家庭的目的是一致的，所以学校和家庭合作就成了教育学生的必然。学生是在学校、家庭及社会的共同影响下成长的，家庭和学校的合作是保证学生健康成长极其重要的条件。

班主任工作千头万绪，有几分劳累，几许收获。经历过一次次心灵的历程，我认为做班主任是没有遗憾的，是充实的。班主任应努力营造一种民主、平等的氛围，使每个学生将班级当作自己的家，人人都爱它，时时都想着它，与它共荣辱。一个班有了良好的班风，学生才能在此生活学习，健康成长，乐在其中；老师上课才能兴趣盎然，乐在其中；班主任才能管理得井井有条，乐在其中。

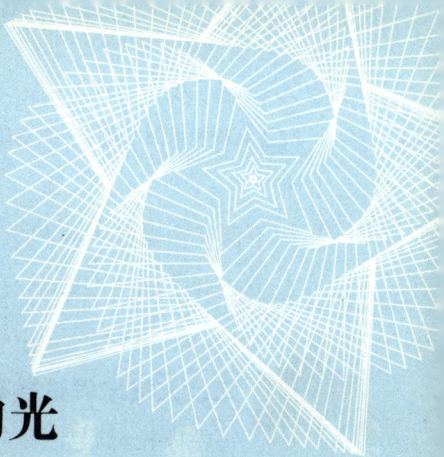

让师爱闪耀最亮的光

青岛西海岸新区超银学校语文教师 江蕾

在超银学校，我开始了向往已久的教师生涯。弹指一挥间，岁月就在绘声绘色的讲课中、在批改作业的笔尖下、在上课铃与下课铃的交替声中滑过，我的生活也因此变得多姿多彩。

一、生动的课堂赢得学生喜爱

"双减"政策下，作为语文老师，为了减轻学生作业负担、提高教学质量，我不断地对教学方法进行改进，利用自己的特长为学生创造一个愉悦轻松的学习情境，让他们快乐学习。

在教学的过程中，我发现学生喜欢听我讲故事，所以备课时，我总是想方设法把要学习的知识编进一个个有趣的故事里，借此抓住他们的好奇心，把课堂变得丰富有趣。比如，在讲《狐假虎威》时，我发现这篇课文里有很多关于动物神态、动作的描写。于是，我时而扮作狡猾的狐狸，眼珠子骨碌一转，扯着嗓子问："你敢吃我？"时而扮作老虎，眼神里透露出杀气，粗着嗓子喊："为什么不敢？"又或是对不知不觉中把自己带入小动物角色的同学们大喝一声："小兔子你为什么要跑？"只见他们吓得一激灵，仿佛眼前真的出现了一只挥舞着爪子、龇牙咧嘴马上就要冲过来的大老虎。在这样惟妙惟肖的情境教学中，每个人都仿佛化身成故事里的角色，在经历着一场激动人心的情感体验。

当下课铃声响起，我和学生都觉得意犹未尽。激发学生兴趣，让他们爱学语文，也就打开了通往高效学习的通道。

二、人格培养赢得家长认可

每位家长都希望孩子成为人格健全的人，作为班主任，我是学生在学校里接触最多的人，我认为教育不仅要传授知识，更要抓住教育的根本，多关爱学生，用心培养学生的心性，引导树立学生的健全人格。

班里有个聪明伶俐的小姑娘，身为班干部的她深得老师与同学们的喜爱，我们亲昵地称她"小甜心"。正是这位人见人爱的"小甜心"，最近却几次三番出现了"孤立同学"的现象，这让初次知晓情况的我大吃一惊。为了更好地了解她情绪变化的原因，我对她进行了一段时间的细致观察。我发现不知从什么时候起，她的关注点由自身转移到了他人身上，时刻关注老师找了哪位同学，和他说了什么，夸了谁，表扬了谁……在好胜心的驱使下，她开始与那些往日与她交好的同学产生矛盾，时常用语言贬低甚至用行动孤立那些被表扬的同学。

知道了"病因"，接下来就是寻找"对症下药"的时机了。知道她爱面子，为了保护她的自尊心，我特意找了个不会碰到其他老师和同学的时间，把她带到我的办公室进行交流。我清楚地记得在我点破她的那一刻，她那慌乱的眼神、瞬间盈满泪水的眼睛。在泪水滑落前，我把她拥进了怀里。她抽噎着，羞愧地低下了头。我告诉了她事情的严重性及这些做法的危害。她郑重地表示，以后会通过自己的努力重新赢得老师和同学的信任，不再让嫉妒心作怪。至于这次谈话的效果，学期末"红领巾奖章"评比时，唱票员对她名字一声声的呼喊，是她成长的最好证明。

不久前，我收到了来自"小甜心"家长对我本次事件处理的赞许："江老师在孩子人格教育培养上真是没得说！"听到这样的表扬，我很高兴，也庆幸自己能够及时帮助学生走向正确的道路。

三、严慈相济激发学生信心

每个班级都会有情况特殊的学生，洋洋就是其中之一。作为插班生，他初次来到我们班时，同学们便对他充满了好奇心。不过性格有些内向的洋洋并不太喜欢与大家过多地交流，就连下了课也只喜欢作为一个旁观者待在自己的座位上静静地看着教室里的一切。除此之外，洋洋的课堂注意力及书写也逐渐引起了各科老师的注意。"听课全凭心情，写字信笔涂鸦"是他的真实写照。综合洋洋的各项情况，我和各科老师协商对策。有关洋洋注意力不集中的问题，只要老师在课堂上紧抓不放、齐头并进，不难解决。最让我着急的是洋洋的书写问题。作为洋洋的班主任兼语文老师，我义不容辞地承担起洋洋"书写变形记"的导师。

我翻开洋洋的作业本，一个个歪歪扭扭、横七竖八的字符，随意地躺在他的作业本上沉睡。这让一向对书写要求严格的我难以接受。为了在最短的时间内收到最好的效果，我让洋洋不用钢笔，而用最为基础的铅笔写字。我利用好每一个课间、自习课及家庭作业时间，帮他从横平竖直一步一步练起。最开始，洋洋还以为我好应付，没想到我竟然让他反反复复修改同一个字，直到我满意为止。在我的一再要求下，他不得不收起自己的小心思，开始认真对待。经过一段时间的练习，洋洋的字已经写得板板正正了。在我的表扬和同学们的肯定下，洋洋自信心满满，两个月后重新把钢笔握在了手里。初用钢笔写字，他倍受打击，但在我们的鼓励和陪伴下，他的涂抹痕迹越来越少，本子也越来越干净整洁。

虽然我和洋洋相处了短短一个学期，却建立了不一样的师生情谊。我们的称呼越来越亲切，相处越来越融洽。在这良好关系的推动下，洋洋在校的表现可谓蒸蒸日上。体育课上，他那火箭般的奔跑速度赢得了同学们的热烈掌声，期末评比中的一项项荣誉是大家对他的认可。

时钟滴答声中，有我们记忆的倒影。虽已逝去，却每日伴随着我，也伴随着学生。他们总是有新的思想和情感涌现，而我需要做的就是不断学习、努力、进步，带给他们更多的惊喜。这样的日子没有惊涛拍岸的壮观，没有浩瀚星河的璀璨，只有平平淡淡的真，只有流淌在彼此心中的爱与希望……

做蜡梅一样的老师

青岛超银中学（镇江路校区）小学部语文教师 邵晨

喜欢冬天的蜡梅，因为它朴实、执着，默默忍受着寒冬的考验，毫无怨言。虽然它的花朵比不过牡丹富贵，比不上玫瑰热情，更比不上百合芳香，但它依然绽放，不为别的，只为自己心中永恒的理想。

一、做学生灵魂的塑造者

人们常把教师比作蜡烛，燃烧了自己，照亮了别人。我却想把教师比作蜡梅，坚韧、执着地用知识的"香气"温暖着学生的心灵。如今的教师，已不是简单的"传道受业解惑者"，更是学生完美灵魂的塑造者。作为一名教师，我虽然时常感受到工作的繁忙，但学生给予我的幸福感使我忙碌并快乐着。为了学生做一名智慧型教师，是我努力的方向。

我的班级里有一个女孩，语文基础比较差，自律性不高。进入高年级后，知识量的增多、题目难度的上升，让她苦不堪言。后来，经过课下推心置腹的交流，我了解到她的学习信心不足，每次考试后的失败都增加了她的畏难情绪。但她没有完全失去上进心，在平日的学校生活中，我感受到她想得到老师的认可，很多事情都积极帮忙，卫生值日也非常负责。我暗下决心，一定要帮助她摆脱困境，重新树立起学习的信心。

于是，每天下午放学，我都让她留在我身边完成作业，看到她做得好的地方，我便微笑着表扬她一番，给予她真心的肯定。课堂上，我会问她一些比较容易掌握的知识，无论她回答得是否正确，我都会给予鼓励。这时我能看到女孩脸上泛起微微笑容。一次次鼓励让她变了，她上课积极举手，独立完成课下作业，即使正确率不算高，但能看出是经过自己努力思考后书写的内容。

二、用智慧为学生发展引航

我认为一个班的集体面貌如何，在很大程度上是由班干部决定的。班干部对班集体有着"以点带面"和"以面带面"的作用，我称他们是"班主任的左右手"。所以唯有慎重地选拔和培养班干部，班主任工作才能逐渐从繁重走向简单与轻松。平日我会留心观察，尽量给每个学生锻炼的机会，对有能力的学生也着重精心培养。第一，要大力表扬班干部的优点，宣传他们的先进事迹，帮助他们树立威信。第二，鼓励他们大胆开展工作，如在工作中遇到阻碍，班主任要及时帮忙解决；班干部要时常关心、帮助同学，不能显出高傲的姿态，班级有事要冲在最前面，不退缩，不随意教训同学。第三，要鼓励班干部想办法，在实践中总结做事情的经验，提高自身的办事能力和效率。第四，班主任在指点他们工作方法的同时，要更加严格要求班干部个人，力求他们从各方面给全班起到模范带头作用。第五，要培养班干部团结协作的精神，通过班干部这个小集体建立正确、健全的舆论，形成集体的组织性、纪律性和进取心。

让每个学生成为"有个性"的自我

青岛超银小学语文教师 祝春

不知不觉我已工作十多个春秋，忙忙碌碌送走了一批又一批学生。他们各不相同，但不论是拥有什么样性格的学生，为了让他们更健康地成长，我总是微笑面对，用心沟通，让每个学生成为"有个性"的自我。

苏霍姆林斯基曾经谈起一个学生米哈伊尔，八年级的时候成了使全体教师感到担忧和头疼的人物。他被勉强地"连拖带拉"跟班升上来，但仍不免留过一次级。米哈伊尔遇到的最大障碍是作文，在他看来，作文是高不可攀的智慧顶峰。米哈伊尔跟语文老师尼娜·彼特罗美娜发生了冲突。尼娜·彼特罗美娜在教师日志里一次接一次地给米哈伊尔打上"两分"。于是，米哈伊尔不再交作文了。一些老师愤慨地说："这究竟要容忍到什么时候才算完结？"当知道米哈伊尔要离校参加工作的消息后，同事们纷纷向尼娜·彼特罗美娜表示祝贺……一天，尼娜·彼特罗美娜的电视机出了毛病，她打电话给新近在区中心开设的电视机修理部，请他们派一位手艺高超的师傅来修理。修理部说一定派一位真正顶用的师傅来，他是他们这儿有名的手艺高超的师傅。富有戏剧性的是，那个人正是米哈伊尔。

这是苏霍姆林斯基身边的一个例子。这样令人头疼的学生，在我们的工作和生活中似乎并不少见。一个在学习上总是得"两分"的学生，最终却成了电视维修界的高手。所以教师应全面评价学生，这也是当今教育的大趋势。每个学生都有自己的特点和优点，教师要善于发现，认真挖掘、鼓励学生，开展和谐教育，用心与学生沟通，让他们成为有个性的新自我，而非一个模子刻出来的多个样本。

还记得一个学生小姜，初次见面我就发现他有些特别。我总想让他和其他学生一样把字写得大小适中，可他依旧满格灌；总想让他和其他学生一样上课时不做小动作，可他不仅手动、脚动，身子还动；总想让他和其他学生一样大方地和老师、同学说话，可总是事与愿违。经过调查我得知，小姜严重缺乏安全感，不爱与人交流，总是和其他同学不一样。看着这样的小姜，我心里酸酸的。和小姜相处的两年里，我给予了他更多的包容、更多的耐心，只希望他健康成长，有一技之长。经过观察，我发现小姜不仅聪明，在有些事上还很专注，于是建议家长送他去学习国际象棋。如今，小姜的国际象棋水平直线上升，参加了世界级国际象棋大赛，并获得了第三名的好成绩。

当然还有像帅小李这样的学生，他出了名的调皮：藏同学书本，偷拿别人东西，爱咬人……让老师很头疼。我抓住帅小李喜欢被表扬的特点，有时候把他约出来谈心，有时候在全班同学面前表扬他，有时候悄悄在他上交的作业上画个大拇指鼓励他，有时候趴在他耳朵上兴奋地说"你最近的表现可帅气了，进步可大了"……一段时间后，我明显地看到了他的改变：上课愿意高高举起手来回答问题，下课总是跑到讲桌前帮老师拿东西，喜欢提醒并帮助同学，特别期待交作业、发作业……善良、上进、进步大，成了老师常常表扬他的主要原因。

每个学生都有自己的特点，都需要我们和谐教育、用心沟通。挖掘他们的闪光亮，用心培养他们，让每个学生都成为"有个性"的新自我，这是我作为教师一生的奋斗目标！

用不留痕的教育滋润学生心田

青岛超银小学课程创新部副主任 魏超

卢梭说："最好的教育就是无所作为的教育——学生看不到教育的发生，却实实在在地影响着他们的心灵，帮助他们发挥了潜能，这才是天底下最好的教育。"作为一名班主任，我深感工作的琐碎繁杂，但我收获了学生的健康成长，觉得再苦再累都是值得的。

一次父母大讲堂活动，家长为孩子们精心准备了小礼物，孩子们非常珍惜。到了下午，突然有孩子跑过来说中午收到的礼物放在书包里不见了。在确定礼物确实是被人拿走了之后，我意识到这是一个严重的问题，如果不能很好地处理这次的事件，恐怕这种情况会再次发生，终酿成"大祸"。于是，我决定与孩子们展开一场心理战。

我给孩子们讲了小华盛顿的故事："年幼时小华盛顿不小心砍倒了爸爸心爱的樱桃树。在爸爸大发雷霆之时，小华盛顿依然承认了自己的错误，爸爸没有责怪反而表扬了他的诚实。"孩子们听完若有所思。考虑到他们的心灵薄如蝉翼，稍有不慎便可能给他们造成极大的伤害，我决定把这件事在"黑影"里处理。我把教室里的灯全部关闭，拉上了窗帘，制造了一个封闭黑暗的环境。我让全体同学趴在桌子上休息1分钟，谁都不准抬头，相信会有孩子把丢失的礼物还回去，而我自己也面朝黑板，负责倒数，看不到教室里发生的事情。时间到了，大家抬起头，丢了东西的孩子兴奋地喊着："魏老师，我的礼物回来了！"这时我真的很欣慰，因为我的一通说教让拿走东西的孩子认识到了自己的错误并且努力补救。我表扬了拿东西的孩子，因为至少最后他是诚实的。然后班长哭了，她觉得我班同学知错就改挺感人的。此后班里再也没有出现过丢失东西的事件。

事后，我把这件事与同事、家人交流，他们说我傻，作为老师至少应该看看是谁做了这件事，可我不这么认为。孩子做了错事，但是他把东西还了回去，也意识到了自己的错误并改正了，我觉得这就是最好的结果，何必再深究。自始至终，我都不认为这是一起"偷盗事件"，也没有用过"偷"这个字眼。我相信孩子是出于好奇拿走了礼物。人心本善，"教育者的目的本就是使人的灵魂得到锻炼，克服兽性而转化向天使的一面"，我唤回了孩子心中的善良诚实，足矣。

在超银小学场馆课程落地的第一年，很荣幸，我带着孩子们走进了超市，展开了第一节场馆课程——"Shopping Mania"。孩子们通过前期的义卖累积了足够的资金，以便在课程中期购买物资。

我设计此课程的初衷是让孩子们学会统计数据、计算数值、整理表格及运用 Excel，充分利用中期购买的物品来装点我们的校园。在我们全班历经"头脑风暴"的过程中，孩子们提出："魏老师我们可以买点东西给福利院的孩子们送过去！既能在超市学习数学，最后又能帮助别人，这样多有意义！"一股暖流顿时涌上我的心头——我为孩子们拥有一颗善良的心感到骄傲！

为了支持孩子们的想法，我联系了青岛明心学校，与其教导主任进行了沟通，被准许带着孩子们前往特殊学校送爱心。出发前我给孩子们简单介绍了明心学校的情况，预设了一些可能会发生的特殊事件，孩子们听得非常专注。等待校车的过程中，孩子们窃窃私语，我走过去不动声色地听着他们的谈话："咱们去了一定得注意自己的言行，不能给咱学校丢人！""咱们说话可得注意点，特殊的小朋友需要特殊的关爱。""咱们得稳定自己的情绪，不管发生什么问题，我们都要平和地处理，咱们是去和他们做朋友的！"听着这些真心且炙热的话语，我感觉孩子们长大了，懂事了，知道用爱去包容这个世界的一切，知道用同理心让这个世界变得更加美好，这才是成长最美的样子吧。

　　"随风潜入夜，润物细无声。"教育虽无痕，却有着惊人的力量；润物虽无声，但能"于无声处听惊雷"，使人唤起自身美好的"善根"。我想这与卢梭提到的"无所作为的教育"是如出一辙的。"无为教育"是一种以学生的自我教育为主、教师的间接教育为辅的教育——在心与心的愉悦中，学生醒悟了；在心与心的碰撞中，学生的思想升华了。盼望着，我的教师成长之路能伴随着"无为教育"的清风，不断浸润超银学子稚嫩纯洁的心灵，徐徐而入，陌上花开。

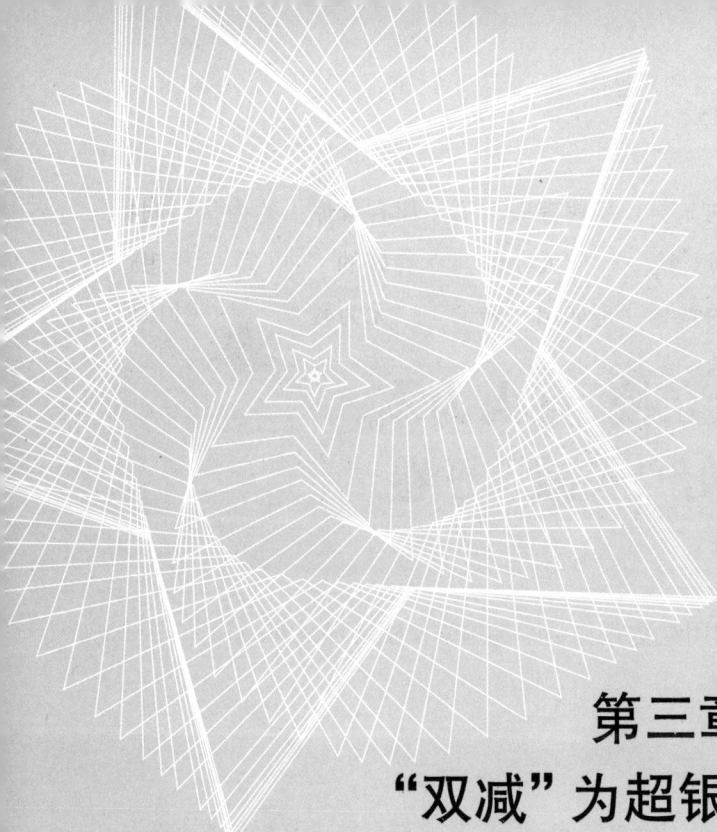

第三章
"双减"为超银变革赋能

　　2021 年国家发布的"双减"政策引发全社会震动。"双减"政策的根本目的在于全面提高学校的教学质量，强化学校教育的主阵地。学生要减负，课堂就必须要增效。超银学校紧跟教育改革的步伐，变革教育教学方式，向课堂要质量，向课堂要效率。超银教师秉承"上好每一堂课"的理念，在"双减"的背景下，超银课堂也呈现出欣欣向荣的全新气象。

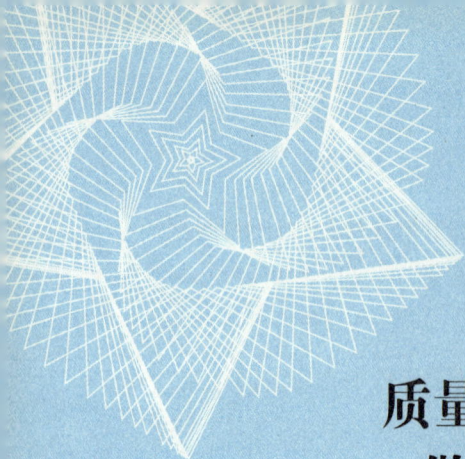

质量立校、育人为本，做好"双减"答卷

青岛超银教育集团党委书记、青岛超银学校校长 潘晓莉

2021 年对中国教育来说是十分重要的一年，从"教育评价改革总体方案"到"五项管理"规定，再到引发全社会震动的"双减"政策和《家庭教育促进法》正式出台，国家层面上的一系列大动作清晰地释放出一个信号：党和国家正在不遗余力地打造高质量的教育体系。

2021 年，青岛超银中学这所建校 20 余年的民办学校因为质量而被社会广泛关注——在 9 月 16 日举行的第四届中国质量大会上，"超银"的名字同国内各行各业质量领域的佼佼者共同出现在获奖榜单上，青岛超银中学成为全国唯一一家获得第四届中国质量奖提名奖的初中学校。获得这份重量级荣誉后，超银又有哪些新举措？如何用更高质量的教育惠及更多的学生和家庭？教育，如何更好地为党育人，为国育才？超银给出的答案是高举"质量立校、育人为本"的大旗，并在这样的初心之下一路前行。而在教育界掀起风起云涌大变革的"双减"时代，超银的教育之路更是深深烙印上了"质量"的印记。

一、育"生"：立德树人，"绿色教育"减负提质

学校作为育人的场所，其质量最终取决于育人质量。如何评判育人质量的高低？是看分数吗？建校 20 余年来，超银中学在青岛被誉为"老百姓心中的好学校"，是因为超银的教育从最开始就紧紧围绕教育本质的 12 个字——塑

造人性、孵化灵魂、启迪智慧。超银中学培养出的学生最为社会所认可的是分数之外的综合素质——美好的品德、健康的体魄、阳光的心理、积极的学习与生活态度。

每个学生都有自己的特长，教师要做的就是帮助学生挖掘自身的闪光点，然后因材施教，帮助他们找到一条适合他们的个性发展之路。为此，超银学校各个校区开设了百余门社团和选修课，每个学期都会举办"校长杯"体育赛事，开设职业生涯体验课程，为特长学生举办个人书画展……近年来，超银学生在各个领域不断实现新突破，第41届世界头脑奥林匹克比赛第三名、未来商业领袖峰会全国总冠军、连续六年全国信息学奥赛"金牌学校"称号……育人成果遍地开花。

2020年，超银学校在青岛市率先成立了信息化管理部。为了对学生进行科学、全面、精准的评价，超银学校通过信息化建设进一步升级了智慧校园系统，为"双减"助力，如今已经实现利用多元化评价方法刻画学生画像。在学生就读的时间里，信息化管理部会同其他职能部门对学生成长的方方面面进行数据收集，如教导处负责学业分析，心理健康研究中心负责心理特征分析，政教处负责德育分析、身体素质监测。超银学校利用大数据驱动和信息化技术评价学生全过程行为，使学生画像更加丰满立体，全面落实了"五育并举"，以"绿色教育"减负提质。

二、育"师"：点亮人生，信息化助力教育质量提升

教师是教书育人重任的实施者。岛城不少家长对我们的老师有一句经典的评价——"超银的老师是超人"。"超人"之处，体现在他们超人般的敬业精神上，更体现在他们超人般的教育智慧上。

面对不同学情、不同性格、不同家庭背景的学生，超银老师带着爱心、耐心因材施教，为每一个学生点亮人生。新冠肺炎疫情期间，一位高三老师在高考前把办公桌搬进教室的新闻上了热搜，超银学生纷纷感叹："我们老师三年来天天如此。"老师用拼搏精神在潜移默化中影响和带动着学生，成了学生的榜样。2021年开学，超银在青岛市崂山区接手了一所学校。开学不到一周，学校便收到了众多家长的反馈。一些家长感慨地说："超银是一所有魔力的学校，

短短几天，孩子的学习态度、精神面貌就有了翻天覆地的变化。"

"双减"政策的出台，更加考验教师的教育智慧。"双减"看似在"减"，从另一个角度来说实则在"加"，只有为学生加入学习能力、学习方法，不断提高课堂效率，才能真正使"双减"落到实处。教师通过分层教学、探究教学、小组合作模式、项目式学习等方式充分发挥学生的主体作用。在减轻课业负担方面，学校要求各科教师从"三会"能力（即会观察、会思考、会解决实际问题）的培养点出发设计作业，让作业量分层、难度分层、形式分层、评价分层。超银课堂精彩纷呈，学生享受着"双减"下快乐的学习时光，在"五育并举"之路上拔节生长。

信息化更成为"双减"时代提升教育质量的"利器"。被超银教师广泛使用的智慧校园系统使教学资源实现从"孤岛式"向"共享式"转变。各学科组根据课标要求搭建题库，标记题目属性，构建校本资源池。教师利用大数据记录学生对知识点的掌握情况，分析错题的原因，最终再以题目和微课形式将知识点推送给学生个人，从而为学生建立个性化的分层作业，真正做到减负增效。超银学校通过信息化平台运用数据分析支撑精准教学、个性化学习，课堂效率和教学质量显著提高，师生负担明显降低。这一系列举措的目的就是运用教育信息化持续提升教育质量。

三、育"家"：家校合力，"金牌门童"推动高品质教育

好的教育需要学校、家庭的合力。在多年来的办学过程中，超银学校一直非常重视家庭教育工作的开展。从"双减"政策到《家庭教育促进法》的出台，一个底层逻辑是让家庭教育发挥出其应有的作用。超银学校通过各项工作引领家长树立正确的家庭教育观念，致力于营造"家长好好学习，学生天天向上"的和谐家庭教育氛围。

超银学校提出了"金牌门童"的服务理念。这个"门童"不是真正的门童，而是一种精益求精地为全体家长和学生提供高品质教育服务的意识。在办学过程中，学校坚持倾听家长的声音，切实为家长解决各种问题。学校专门成立了超银教育集团监察委员会，独立于各校区，对家长反映的意见、建议逐一认真落实、反馈，办结率和满意率均达到100%。

学校先后建立了心理健康研究中心和家庭教育指导中心。两大中心自成立以来，通过课程、讲座、咨询等方式实现对学生和家长的常态化陪伴，通过问卷找准"痛点"，对家长"因材施教"。学校先后邀请多位"国字号"家庭教育专家加入家庭教育指导中心外聘专家智库；组织了三届省级、市级规模的家庭教育论坛活动，开展了百余场心理讲座，举办了近百次家长读书沙龙活动，进行了近万个小时的个案辅导；学校专门制作了心理健康和家庭教育专业期刊《超悦 READER》，为学生和家长带来专业化的指导。

在信息化的助力下，家校沟通也有了新形式。教师可使用智慧校园的"Family–School"功能记录其与学生、家长谈话的内容，系统自动归集数据，推送至学校政教处，有效追踪家长的反馈情况，并根据收集到的信息定期开设家庭教育的相关指导。

自"双减"政策发布以来，学校利用公众号、视频号等新媒体形式开设"超银心理小课堂""超银家长帮"等专题栏目，缓解家长焦虑，开展系统指导，得到了家长的广泛好评。

百年大计，教育为本。教育人肩负着沉甸甸的使命。超银教师将在教育高质量发展之路上不懈追求，一路向前。

多管齐下,助力"双减"落地

青岛超银学校副校长、青岛超银中学(广饶路、金沙路校区)校长 张卉

孔子说:"居之无倦,行之以忠。"抛开一切世俗的附加,坚守的信念和本心是人生最为宝贵财富。"双减"使教师实现了初心的回归,时刻牢记育人使命:师者应不忘信仰之心,对教育事业负责。超银中学在超银教育集团"点亮人生""和衡"素质教育质量管理模式之下,从本校教学实际出发,从细处着手,让"双减"切实落地,科学地带领教师为学生发展保驾护航,从而达到"塑造人性、孵化灵魂、启迪智慧"的目的。

一、加大教师教研力度,形成专题教案

随着课程改革和"双减"政策的深入进行,教学需求呈现多样化。只有对教学内容与教学方法进行统筹规划,才能将"双减"真正落地。依托集团化办学的优势,各校区参与了集团组织的各个学科大教研活动,深入研究课程标准、近五年青岛中考命题、前沿城市中考命题,把握教育评价方向,深入探索专题化教学模式,从教师层面做到减负提质。

整合知识、总结规律、迁移运用是专题化教学模式的三大特征,此项举措突出了"双减"政策的新颖性与前瞻性,增强了学生对学科知识学习的系统性。例如,语文、英语的阅读写作系列专题教案旨在提升学生的阅读写作能力;物理、化学的专题教案为学生构建物理、化学的知识体系框架,让知

识更加系统全面，在学生脑海里构建逻辑思维图，便于学生系统地掌握初中物理、化学知识。

二、构建"以生为本"的课堂，促进课堂高效

"以生为本"的分层课堂，目的在于营造热火朝天、积极奋发的课堂氛围，使学生体会学习的快乐，感受学习带来的成就感，进一步落实集团"点亮生命，人人闪光"的理念。为此，超银学校在教学中大力实施分层教学。

比如，在教学过程中根据学生能力差异，将其分为 A、B、C 三个层次，采用项目式教学，各小组根据项目任务的分工完成相应的项目任务。例如，初二生物课《鸟卵的结构》，教师以探究鸟卵的结构为主线，将鸡蛋作为实验材料，引导学生自主探究、小组合作，从外到内全面认识鸟卵结构，自行归纳出鸟卵结构与陆地生活相适应的结论，逐步形成生物体结构与功能相适应的生物学观念。

"以生为本"的分层课堂遵循了学生的认知规律，充分发挥了学生自主学习的主动性，提升了学生动手实践、合作探究、综合运用的能力，真正打造了高效课堂，切实提升了学生素养。

三、采取"情景体验式"教学，提升学科素养

在"双减"政策之下，课堂更应具有生活情趣，超银学校采取的情景体验式教学模式使学生真正成为课堂的主人，进一步提升了学生的学科素养。

"双减"政策之下，各科教师在课堂上不断扩展新的知识，采用情景体验式教学方法，让学生结合自身体验和生活实际探究学习，进而提升学生的人文情怀、审美情趣、科学素养、实践创新、社会责任等方面的核心素养。

四、提升作业管理效能，切实减负提质

为落实"双减"政策中"初中生书面作业 90 分钟内"的要求，超银学校要求教师研读课标，准确把握学科性质，积极开发利用课程资源，创造性地使用教材，将作业设计作为课题来研究。

落实分层作业，作业由基础题和拓展题构成。基础题是对每个学生的基本

要求，拓展题应依据学生的现有水平和发展潜能依次递进。教师应设计不同的作业内容，根据学生的实际情况分层布置、分层要求，不搞一刀切，对不同层次的学生布置作业既要有量的区别，又要有质（难度）的差异，使每一个层次的学生都有成功的愉悦体验。例如，在《出师表》中，学生自行设计作业：基础知识背诵题、文言现象选择题、划分节奏题、翻译句子题等；能力较强的学生还可以根据文章内容编写文意理解题。超银学校切实做到了复习巩固作业和拓宽视野、提升能力作业相结合，安排了合理的梯度，让不同层次的学生在基础和能力上各得其所。这既调动了学生的积极性，又能激发学生的竞争意识。

同时，教师应精心选取作业内容，围绕"老师下题海，学生出题海"的少而精原则，以精选促精练；不布置简单重复的作业，不布置强制惩罚性的作业，不布置占用学生时间超过合理限度的作业。对于个别学习优秀的学生，经学生申请、家长签字、班主任批准，在保证教学质量的前提下，超银学校不强制他们必须以书面形式完成各科作业，为他们兴趣、个性的发展提供更广阔的空间。

班主任应宏观调控作业总量，严禁用增加作业量的方式惩罚学生，严禁在复习阶段随意加大作业量。在作业布置内容、批改质量、作业完成时间等方面，班主任应加大监管力度。

五、分层评价反馈作业，激发学生兴趣

分层评价，鼓励为主。分层作业采用分层评价，只要学生完成相应层次的作业，便可以得到肯定。例如，全对的，即可得一个笑脸；书写工整的，在笑脸后面再加一颗五角星；有进步的，再写一两句评语。一个个笑脸、一颗颗五角星、一句句富有期待和鼓励的话语，使学生产生成就感。

亮点评价，激励当先。尊重每个学生，尤其要尊重他们的学习成果。评价时，教师应从区分性评价转变为激励性评价，捕捉学生作业中的亮点。例如，字写得好，可得小印章；作业质量高，令人赏心悦目，可荣获"作业能手"称号。

多元评价，共同参与。过去的作业评价为教师单向评价，学生处于被动地位，思维处于休眠状态，这不利于学生纠正错误，不能培养学生自主学习的意识。在"双减"政策的引领下，超银学校改变了这种单一的评价形式，让学生积极参与到评价中，使学生成为评价主体，培养他们的参与意识，从而获取知识，

提高能力。

建立档案，快乐成长。为学生建立成长档案，"一生一策"档案袋记录着学生成长的足迹。例如，我的小制作、我的手抄报、我的小发明、我的小奖状，让学生在趣味中完成作业。

六、推进课后托管服务，创新管理模式

"双减"政策落地后，超银学校充分利用管理、人员、场地、资源等方面的优势，积极作为，遵循主动性原则、自愿性原则，坚持立足需求、积极服务、家长自愿、学校受托的原则，积极开展课后服务工作。

在不加重学生课业负担的前提下，超银学校在课后服务托管时间主要安排学生完成作业、自主阅读和进行体育、艺术、科普等课内相关活动，适当安排拓展训练社团、兴趣小组活动等，充分发挥学生的积极主动性，将课堂教学和课外活动有机结合起来，照顾学生的兴趣和特长，遵循因校制宜的原则，切实减轻学生的学习负担，让学生在活动中学习、在活动中进步。

在"双减"政策之下，超银学校从教育的本质入手，从中华民族的伟大复兴入手，着力培养德、智、体、美、劳全面发展的社会主义建设者和接班人。"双减"是小切口、大改革，是落实立德树人根本任务的重要载体和具体行动，让我们在校园里遇见美丽的风景、感人的画面、最美的教师、最美的学生，实现初心的回归。

超银数字化校园为"双减"赋能

青岛超银教育集团信息化管理部总监 马堃

2021 年注定是教育行业不平凡的一年。从年初开始，各项教育政策陆续出台；7 月，随着"双减"政策的"发令枪"响，全国各省份纷纷响应，校内校外双向发力。面对持续升温的政策变化，如何应用数字化助力"双减"政策落地校园呢？

在愈演愈烈的"互联网＋教育"浪潮下，超银教育集团于 2020 年成立了信息化管理部，制订了《超银信息化建设发展规划》。2021 年，超银教育集团智慧校园平台系统解决方案获评"2021 青岛信息化优秀解决方案"，应用系统分别获得由国家版权局颁发的"超银教育集团学业检测分析系统"和"超银教育集团德育考核系统"两份软件著作权登记证书。目前，超银信息化管理与服务已实现"四全一覆盖"，在教育信息化之路上大踏步迈进。

一、评价多元化助力"双减"

建立契合未来发展需求的教育体系，学校的评价能力俨然已成为教育行业的软实力。超银智慧校园平台运用多元化评价方法刻画学生画像，运用技术手段标识个体属性，运用大数据分析个体类型，大大提高了对学生了解和判断的准确率和有效率。

超银智慧校园平台建立起德育对照评价体系，设计了评价班级的德育评价与评价学生的学生评价两个功能。德育评价系统为学校提供了一个操作简单、指标全面、管理便捷的信息化评价环境，其数据是形成小、初、高学生客观、综合评价的重要信息。因此，数据收集是学生德育评价项目中最为重要的一个环节。在使用评价系统的过程中，应避免收集数据的单一性。考勤教师和学生会学生均可以登录平台，在多元视角下进行评价，实现过程留痕，防止评价的随意性。结果反馈会直接推送至班主任及负责德育工作的分管领导手机端，使学生管理更加准确、理性，班级管理更加科学、高效。

智慧校园系统通过对学生学科能力和核心素养的评价、对学生知识体系与能力结构的建模，实现对学生全面、综合、动态、系统的分析，从而帮助学生进行诊断与改进，发现与增强学科优势，促进学生全面发展。智慧校园的学科素养平台利用信息化手段，记录并评价学生日常课堂表现、作业得分、学科活动、阅读素养、学业水平等，客观展示学生的综合学科素养水平，自动分析学生的核心素养能力。

根据"双减"政策要求，任课教师布置作业后将每科预计时间和作业明细记录在平台中。当各科总时长超过预先设定的时间时，智慧校园系统会自动预警反馈至各学科教师并建议调整作业量。实际完成作业后，家长和教师可以选择性抽查作业数量是否匹配实际完成时间。

关于对体、美、劳的评价方面，教师应制定学生体育过程性评价方法并记入学生成长档案，作为学生在校期间持续性体质健康体系的一部分；将请假、疫情上报等数据与评价内容相关联，全面掌握学生的身体健康情况。学校通过线上测评等工具对学生进行心理健康检测，心理健康研究中心教师通过智慧校园平台"心理健康园地"，定期推送心理测试及心理健康书目，跟踪测量分数有问题的学生并及时给予其专业指导，为学生身心健康保驾护航。教师应提升并改进美育评价，把美育纳入学生教育及评价全过程，实施艺术素质测评并将其纳入综合素质评价，关注学生艺术素养的发展。系统结合校情、学情制定了艺术欣赏课评价细则，基于学习过程、学习结果和成果展示等指标进行评价，旨在从课堂角度全面了解和掌握学生的艺术素养发展状况。学生可以应用线上选课功能选择心仪的选修课，从而丰富技能，拓展思维，提升审美与鉴赏能力。教师还应改进劳动教育评价，跟踪记录学生课内外劳动教育课程和实践活动，把劳动教育评价纳入学生成长全过程。系统提供实践记录功能，学生、家长及指导教师可以随时通过移动端记录学生参加的社会实践和获奖成果。教师应在评价中严格规范评价方法和程序，充分利用信息技术确保评价结果客观准确。

大数据时代，学校与家庭沟通有了新形式，班主任及任课教师可使用智慧校园平台 Family-School 功能随时记录与学生及家长的每一次谈话，系统自动收集数据并推送给德育主任。学校应定期开设家庭指导教育论坛，邀请行业专家为教师和家长培训，"培训＋记录反馈"的形式让学校与家庭无缝对接。

二、因材施教助力"双减"

第一，做好靶向作业与错题报告。如何让教师进题海，学生出题海？在技术赋能背景下，校本资源的建立和完善是合理布置个性化作业的前提。学科组长作为题库策划师，主持搭建并审核题库；根据课程要求，组织教师切割汇总知识点，标记题目属性，构建校本资源池。利用"互联网＋教育"技术以及大数据分析手段，形成数据体系，建立分析模型，积累学生对知识点的掌握情况，分析错题原因，通过各类变式题检测，找到未掌握知识的源头，最终再以题目和微课形式将知识点推送给学生个人，建立学生的个性化作业，实现精准化巩固练习。与此同时，教师也了解了学生对知识掌握的真实情况。与传统的作业布置相比较，基于数字化的作业设置更加精确、有效。

第二，实施分层教学。国际上分层教学一般有三种类型：分层分组固定课堂教学、分层移动课堂教学和课堂分层教学。在国内我们用到的是课堂分层教学，分为显性分层和隐性分层。显性分层是指学生知道自己和他人的分层，隐性分层是指只有教师知道或教师和学生个体（学生的父母）知道分层。学校通过每次统考进行分析，根据测试结果分出 A、B、C 三个层次。每门学科建立知识点微课，形成线上资源中心。教师依据学案分层理念推送知识点微课，运用信息化手段加强与学生互动；课前，学生可以选择性地进行前测学习；课中，系统采集学生数据，获得学生学情评价结果，帮助教师精准聚焦教学难点，设计教学环节；课后，学生可以获得推送的靶向作业，数据平台再次判断并再次推送学案中的微课讲解，形成课前、课中、课后知识点个性化评价的闭环管理。

三、大数据助力学生发展预测

在未来的数字化教育应用中，可以运用信息技术将兴趣、动机、情感、态度、偏好等个性化数据纳入学生评价依据，全面记录过程数据并完成学生画像，拓展教育评价的内涵和功能。数据驱动的教育评价将从模糊走向精准、从结果走向过程。大数据支持个体成长的纵向追踪，有利于建构学生成长轨迹档案，通过对过程数据展开深入分析与处理，预判学生兴趣爱好、发展潜能和价值观，制订适合学生自身发展的学习计划，科学指导学生的继续学习和职业发展方向，真正发挥大数据的作用。

超银教育集团的愿景是打造"政府放心、家长满意、学生喜欢、社会认可"的优质学校，"双减"政策的出台为超银指明了未来发展方向。在科技日益发达的今天，借助高科技构建数字化校园，为打造高效课堂、实现减负提质提供了有力保障，更为超银实现自身目标和发展愿景、打造"百年超银"教育品牌提供了强有力的支撑。

语文教学中的
"一文三用,一课三得"

青岛超银中学(金沙路校区)校长助理 栾芳芳

孔子云:"学而时习之。"子亦云:"择其善者而从之。"教师研修让我深感这两句话的真谛。

之前上课时,我就有了"一文三用,一课三得"的想法,只是没有形成系统。经过学习我发现:教师不能只是教,还要将自己的教学心得体会汇总出来形成体系,这样才是真正的教学。教师要像陶继新、高平那样,随时读、随时教、随时写。我认为现在的部编版教材编得很好,每个单元自成体系,且每篇文章侧重点不一样。我一直有一个想法:培养学生学一课、知一类。首先解决第一个问题:文章如何教,步骤如何?要先进行问题归类:人物形象、句子理解、主题思想、表现手法。让学生先从这四个角度,按照记叙文阅读的规律等对文本进行解读。

以《丑兵》为例。首先,学生进行了一次很透彻的文本解析,既对丑兵这个人物形象有了详细了解,又能够从多个角度分析文章是怎样将这个爱国、坚强、人丑心善的人物形象层层递进刻画出来的。然后,教师在课堂上引导学生展示自己,锻炼思维和口头表达能力。这得益于我在石家庄精英中学和衡水中学交流学习活动中学习到的"611"模块,也让我更加深刻地体会到"活到老,学到老"这句话的真谛。要想提升自己,只有多学习。

要想给学生一滴水,自己首先要有一桶水。我在上课之前是这样做的,自己的书也记录得密密麻麻，无论读什么书都是如此。

至此，"一文三读"中的两读已经结束，一读是学生的自读，二读是全班学生小组的解读，我称之为"群读"，取自"群文阅读"。群读是有要求的，学生要将与这篇文章相类似的文章列举出来，并讲出相同的点，最后要联系实际生活，进行课本到实际生活的延伸。教师应从初中时期就开始培养学生发现问题、分析问题、解决问题的能力。如果价值观从一开始就养成，那么不仅能够增强学生对课本知识的掌握，还能提升学生解决问题的能力，这就是"一课三得"中的多得。

陶继新在《高效教学的道与术》中提出："老师，不仅仅是教授学生技巧，更需要教授与重视的应该是内在品质，这就是'道'，只有道术兼修，方能抵达高效的境界。"韩愈也提出："师者，所以传道受业解惑也。"内化是需要时间的，同理互推，学生的学习亦是如此，需要"反刍"的过程。这也是超银学校一直提倡和要求的"课别太满，要留白，这样阳光才能透进来"。

学生在进行了"一读：自读；二读：群读"之后，就要进行"三读"，即文章的本质。这点是受徐飞、赵谦翔"读写共生"的启发。徐飞的公开课"名著《朝花夕拾》重读"和赵谦翔的"杜甫的《望岳》讲解"的最后环节都是写作，但两位老师的上课时间是1小时。这就意味着，最后的环节是在学生彻底把握住精髓之后，理解了作者的思想本质之后才能进行的环节。这点在45分钟的课堂上进行是有难度的。我把它拆成了两节课，这就是"一文三读"中"三读"的由来。首先，学生需要把从课本中学习到的好词、好句积累下来，然后用红笔再次进行思想的转化，结合自己和对文章的感悟进行知识迁移。如此，既让学生积累了作文素材，又使学生的能力在不知不觉中得到了提升。

"双减"时代，为了打造高效课堂，提高学生的学习效率，教师应该多多学习、多多读书，通过对教学方法的揣摩与实践，真正做到向45分钟的课堂要质量、要效率，如此才能助推"双减"有效落地。

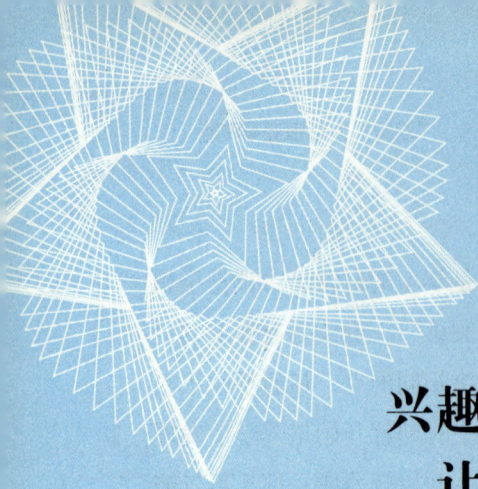

兴趣引领，细化落实，
让教与学更高效

青岛超银高中英语教师 尹静

　　课堂教学是教师的"主阵地"，"双减"时代，教师更要向课堂的45分钟要效率，合理利用支配好课上时间，这样便可以收到事半功倍的效果。上好一节课的前提是备好课，把握好课堂教学的难度、深度和密度。除了备知识以外，教师还要备学生，将已备好的知识以学生认可的方式教给他们。这就要求教师从教学思想和方式等方面进行反思，找出问题所在，从而有效地进行教学。

一、提高学习兴趣，营造和谐的学习氛围

　　我认为课堂教学应该是严格要求与轻松和谐相结合的。在课堂教学中，轻松和谐的课堂教学氛围可以让学生处于积极的情感状态，使学生主动而愉快地学习，这需要教师在主观上积极努力。教师要做学生的贴心人，要了解他们的心理特点，关心他们的学习、身心健康，体谅他们学习的难处，要善于激励他们。

　　为了激发学生的学习兴趣，教师首先要拉近和学生的距离，让他们喜欢自己，喜欢这个学科。因此，我每次都面带微笑走进课堂。作为一名高中英语老师，每节课我都做到心中有学生，尽量多使用鼓励性的语言，对于学生的积极回答，不论对与错，我都先给予表扬和肯定，因为这是他们在积极思考问题的体现。学生答对了，我会及时给予肯定和鼓励："Very good! / Well done! / I am proud of you."这些鼓励和认可的话语会给学生带来成功的喜悦，从而不断强化学生

参与课堂的信心。学生答错了，我不会表现出失望或不满，会给他们足够的宽慰、信任和期待："Would you like to think it over? / Work hard, and I am sure you can do better next time." 从而使他们重拾信心。

二、实施情感教学，建立良好的师生关系

学生是学习的主体，要想使之发挥积极主动性，产生学习动力，教师光讲大道理是不够的，需走进他们的内心，激发他们学习的热情。

课堂上，教师可以走下讲台，走到同学中，和学生进行更好的情感交流，教师的一言一行能传递某种情感信息，如一个微笑、一个眼神。小 C 上课总是低头看着书本出神，有时候该翻到下一页了，他还是停留在上一页，而且从他的表情能看出他对学习是有些不在乎的。这个时候，我并没有通过提问的方式让他知道自己走神了。我走下讲台，边讲着知识边走到他跟前，帮他把书翻到正在讲的这页。这时他不解地抬头看我，我冲他使了个眼色，并微笑提醒他，用手给他指了指现在讲的地方，便走开继续讲课。慢慢地，小 C 开始跟着我上课的节奏学习，跟着做笔记，跟着回答问题。有时候为了活跃课堂气氛，我会开个小玩笑，也能看到他在笑；他课间也会来办公室找我问问题了。

其实，课堂上的师生交流是很频繁的，教师的一言一行都会传递某种情感信息。一个微笑或用眼神提醒上课走神的同学，这样既保护了学生的自尊心，也增进了师生之间的情感默契。

三、关注双基知识落实，细化教与学的过程

我们常说："要以学定教，落实知识掌握。"在教学设计时，教师应以充分尊重学生已有知识经验为前提，设计和使用的学案和教法要符合学生的实际情况，力争达到教与学的统一。

在日常教学中，教师要从自身出发，群策群力，集中智慧，搞好组内集体备课。教师应充分利用每周的组内集体备课时间。一是制订计划：就导学案、周计划、周作业等进行统一计划与安排；二是备学生、备错题：就易错点、难点、学生对知识的掌握及心理变化进行分析讨论，了解并把握学情，及时巩固和疏导；三是备讲评，对每份试卷都要做到全批全改、精批精改，并做好学

情统计与分析、优化讲评的过程，尽可能多地进行变式训练、对比训练，及时进行基础知识和变式训练的二次过关。

总之，有效教学需要教师不断实践、进行更多的思考。教师要踏踏实实地从学生实际出发，遵循因材施教的原则去关心、帮助他们，在提高学生成绩的同时让学生获得学习的能力和兴趣，这将使他们终身受益。

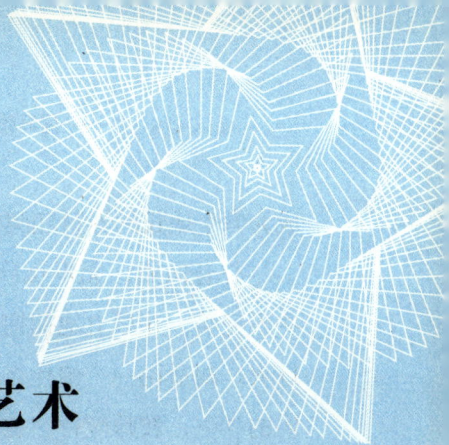

教学中"等待"的艺术

青岛超银中学(广饶路校区)语文教师 王林娜

"天青色等烟雨,而我在等你。"周杰伦的《青花瓷》绕骨入髓,轻柔的歌声唤起我心底的柔软。据说瓷器上那一抹浪漫纯净的天青色是无法自己形成的。在青瓷出炉的那一瞬必须是烟雨天气,釉色才会渐变成梦幻般的天青色。难怪宋徽宗说:"雨过天晴云破处,这般颜色作将来。"当天青色在静静地等候属于自己的烟雨时,作为班主任的我也在等待着属于自己的烟雨。

一、认真分析是等待的开始

宫崎骏说:"相信不管前方的路有多苦,只要走的方向正确,不管多么崎岖不平,都比站在原地更接近幸福。"在"双减"背景之下,我可以通过课前学情单,清楚地了解学生对所学知识存在什么问题并了解他们的薄弱点,在备知识的前提之下,备学生、备思维过程、备过程性评价。这样,我就可以在课堂教学过程中做到游刃有余,让学生在学习中发现、在发现中感悟、在感悟中收获。在此基础上,我会布置每天的作业,反馈并安排学生预习新课,更好地做到分层和有针对性。

文科成绩的上升是一个相对艰难与缓慢的过程。我会第一时间和学生一起分析他们出错的题型、出错的原因及这个试题中所反映出来的学科核心素养,并针对这些问题提出建议。这些对后面的教学调整及如何让每一次作业及反馈成为学生成长的养料和契机大有裨益。

心若向阳，无惧忧伤。幸福不是因为生活是完美的，而在于你能忽略那些不完美，并尽力地拥抱自己所看到的美好与阳光。与其诅咒黑暗，不如点亮灯火。胡适说："怕什么真理无穷，进一寸有一寸的欢喜。"对于学习基础薄弱的学生，教师应持"愈挫愈勇，绝不放弃"的想法和信念，从学生课堂的反馈及课后作业中发现自身教学中的问题。教师无论教多少遍，都不应唯经验论，只有迅速调整和改变自己的教学方法，才能够减负增效，才能取得进步。

二、不放弃每一个学生是等待的目标

教师应打造高效课堂，向课堂要效率。教师在备课时应详细列出每一节课要考察的重点、复习的效果、完成的任务、达到的目的、关注的学生等，要做到心中有数再进课堂。

作为教师，我从不放弃任何一个学生。我总是想尽办法，努力帮助学困生变为学优生，让学生在学校、课堂、课后都能积极思考，动笔落实，给他们提出一些切实可行的任务。上课之前，我会单独给他们布置这一节课的小任务，并尽量做到当天反馈。

每天的作业我基本做到当晚全批全改，关注课堂状态，课后反馈中一对一查找错因，作文面批面改。对于文科较弱、理科很强的学生，一开始我就会对他们给予特别的关注与重视，因为语文成绩的上升和语文素养的培养是缓慢而艰难的过程，很难突击、提高。从一个心灵走进另一个心灵，这个过程注定是艰难的、遥远的、辛苦的，但是既然我选择了教师这个职业，就选择了承担这份责任，选择了背负这份辛苦，用宽容理解和爱对待每一个学生，与热爱同行，向优秀看齐。

班里的一个学生在我布置的《秋天的收获》作文中写下了这样一段话："岁月不偷走失意，但它也让我懂得坚持的珍贵，在每个挑灯夜读的深夜里，在每个书声琅琅的清晨里，在每个奋力研究的课间里，我都能感受到它的存在。偶尔梦回沙城，那些路灯和脚印无比清晰，而又无法触碰。如果不前进，就会被黄沙掩埋，所以我们步步回头，却也只有勇往直前。在那个属于我自己的秋天，我收获了家人陪伴的珍贵，收获了仍然可以年少有为的机会，收获了能够走向远方的坚持，收获了一个人成长的勇气。"14岁的他们愿意为了捍卫梦想付出全部，身为人师的我也唯有与他们一起栉风沐雨、砥砺前行。

天青色等烟雨，而我在等你：那个明明强调过无数遍，考试却还会出错的你；那个前一天信誓旦旦告诉我会认真完成作业，第二天五道题依然空四道的你；那个经常记不住要改错的你；那个在课堂上无精打采，下课铃一响就满血复活的你……

但是，我想，终有一天，天青色不用再苦苦等待烟雨。忘不了毕业前他们说："老师，如果您推开教室的门看见教室空空如也，不要以为我们已经离开了。"忘不了他们在贺卡上的题字："拉着您的手，闭着眼睛走，也不会迷路！"忘不了微信上的留言："我们不知道前方有怎样未知的路途，但是我们仍感激您陪我们走过的风风雨雨。"忘不了他们在信中所写："老师，原来我从不知道离别的滋味是这样凄凉，我不知道说一声再见要这么坚强。"

岁月似一掬清水，无论是在手掌平摊还是紧握，总会一点一滴从指缝中流逝。天青色在等待它的烟雨，而我唯愿在这静谧湿润的时光中、在这四季轮回的曙色里一直等待着你——我的学生。

用智慧点燃希望的火种

青岛超银中学(广饶路校区)数学教师 黄婷婷

看过这样一个实验:把一只跳蚤放在广口的杯子里,测试跳蚤能否跳出杯子,有两种实验方法。一种实验方法是将杯子的高度增加,跳蚤开始不能跳出瓶子,但是跳蚤不断跳跃,经过一段时间后,跳蚤的跳跃能力得到增强,它可以跳出增高高度的杯子。另一个相对实验是把杯子用透明的盖子盖上,跳蚤在里面不停地跳动,并撞到了盖子,经过数次撞盖子后,跳蚤不再跳到足以撞到盖子的高度。这时实验人员拿掉盖子,虽然跳蚤继续在跳,但不会跳出广口杯子以外,因为跳蚤已经调节了自己跳的高度,而且适应了这一高度,这个盖子限制了跳蚤的跳跃能力。

在我的数学课堂教学中,学生的潜能也是一样的:会得到提高,也会得到抑制。我任教两个班,两个班的学生各有特点,并不好平衡,但只要我激发了他们的状态,让他们喜欢上数学,教学工作就会变得高效、科学。

一、鼓励学生质疑与探究

小 H 是我们班的"金角大王",因为他最能钻牛角尖儿。他在课上提出的问题,我都会很认真地回答,我也不担心他的各种问题会耽误课堂时间,因为这些问题能引发其他孩子的思考,共同受益。在我的鼓励和提倡下,几乎每节课、每个知识点同学们都会提出各种问题,我会从不同角度给予解答。在这种氛围下，我们班的数学课非常活跃，提问队伍也在逐渐扩大。班里很快又出现"银角大王"。我们班数学课的氛围特别好，他们的每次提问或对知识质疑，我最后都能回归到我最初的观点上，并顺利解决。他们对数学的喜爱很质朴，小 H 告诉我，他长大后想回超银当一名数学老师，我回应道："我一定在这里好好站岗等着和你共事，我们都加油！"

二、重视培养学生的数学素养

我经常跟学生说，我们做的不是仅仅是数学题，而是通过做题掌握一种方法，它能不断提高我们的思考深度和广度。根据学生的特点，我给他们建立了一个数学角，如果他们对于哪个知识点有自己扩充性的想法，我就把他们的扩充贴在我的数学角中。比如在做多边形外角习题时，小 J 由三角形外角等于不相邻两内角的和推广到了多边形 $(n-2)$ 个外角和等于与其不相邻两内角的和。又如小 W 的能力更强一些，自学了二次函数，并将其与本学期学习的三角形中位线相结合，给同学们出了一道直角坐标系内函数的动点参数问题，共四问，极大地激发了学优生的斗志和竞争力。

在教学中，我在努力营造和谐良好的课堂气氛的同时，充分发挥学生的主体地位，充分调动学生的积极性，激发他们的兴趣。我总是情不自禁地感叹，学生的潜能是无穷的，教师应该激发学生的潜能，而不是限制学生的思维。我不断警示自己，教育不是把桶灌满，而是把火点燃，在数学课的教学中，要记得放下手中的盖子，用自己的教育智慧不断提升杯子的高度。

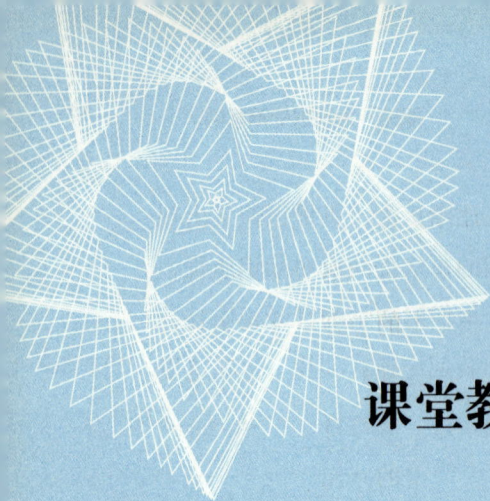

课堂教学中留白的艺术

青岛超银中学（镇江路校区）数学教师 王鹏

留白是中国艺术作品创作中常用的一种手法，是指书画艺术创作中为使整个作品画面、章法更为协调精美而有意留下相应的空白，予人以想象之余地，如此以无胜有的留白艺术具有很高的审美价值。课堂上的留白式教学，是指教师根据教学需要，不通过直接讲述的方式明确将一些学习内容告知学生，而是通过言语激发、提出问题、讨论交流等方式留下"空白"，引发学生在更广阔的时间和空间里联想与想象、思考与探究，更好地发挥学生主体作用。

一、留白式教学的心理基础

心理学理论认为，任何事物均可被视为一个完整的结构，当人们看到一个不完整即有"缺陷"或"空白"的形状时，会情不自禁地产生一种紧张的内驱力，促使大脑积极活动去填补和完善那些"缺陷"和"空白"，使之趋向完美，从而达到内心的平衡，获得感受的愉悦。在课堂教学中，教师要善于抓住和把握学生的这种心理认知规律，适当留白，进而推动课堂教学的动态生成。

优秀学生的培养是一个大课题，在世界级别的各类竞赛中，我国学生获奖无数，但在创新能力指数上，我国学生并无优势，这是一个值得研究的现象。课堂是培养优秀学生的重要"阵地"，课堂上教师的引导尤为重要，给学生留有足够的思考时间和空间亦十分重要。苏霍姆林斯基说："有经验的教师往往只是微微打开一扇通向一望无际的知识原野的窗子。"根据学生实际和教材特点，教师把某些知识有意识地留下不讲，让学生的心理处于暂时的不平衡状态，促使他们去寻找、发现，这样既可以营造良好的学习气氛，又有利于学生自我构建和完善知识，培养学生的概括能力。从教育心理学的角度来讲，教学中的"空白"，可引起学生心理上追求完整的倾向。这种对完美的追求一旦实现，便能给学生带来成就感，能激发学生自主学习的积极性。

二、留白的五重境界

一是空间留白。例如，在讲解平方差公式时，公式的推导可以从多项式乘多项式中得到，但是平方差公式的结构特征不适合从推导的结果直接得到，此处可以从观察的空间中留白。教师可先让学生独立分析，再组织小组讨论、交流，最后总结规律。这样学生会学得很主动、很活跃，对知识的掌握和理解也更透彻。

二是时间留白。例如，在讲授行程问题时，教师可以通过分组进行演示、操作，让每个学生都参与其中，让学生通过自己的"动"深刻理解相遇和追及。教师通过时间留白，让学生自己理解、掌握，留下更多时间让学生参与到尽可能多的活动中去。

三是语言留白。教师提问题时，问题的设计一定要合理，要有探究的深度、广度和发展的方向，能激发学生提出更多的问题，如此才能锻炼学生的思维。例如，在讲解二次函数图像与性质时，教师引导学生通过观察图像总结性质，不宜把话说尽说全，而要留给学生思考、想象、感悟的余地。语言留白的地方还有很多，比如在讲评试卷时，教师宜多让学生互相答疑纠错；在复习课上，教师应多留时间让学生自己归纳、整理知识点；在讨论问题结束的时候，教师要给予学生更多的时间，这时候的思考和讨论可能更有价值。不是每个学生都必须沿着教师的思路走，教师应少总结一些公式、结论，让学生更多地去经历推导的过程和方法。

四是课堂上的小组合作。这也是一种非常重要的留白式教学方法，可以让不同的学生思考出更有发展性的问题，也可以通过讨论碰撞出更多的火花。

孔子说："三人行，必有我师焉。"小组合作探究旨在通过相互学习取长补短。当然，在组织小组合作时还普遍存在着教师指导不到位、学生合作探究时间不充足等问题，教师应避免在匆忙中打断学生的思维活动，不要急于向学生索要答案。学生没有独立思考，就不可能形成自己的思想和认识。在交流之前，教师不但要让学生形成自己的观点，还要给学生留出时间整理他们的结论。如此，学生的交流才能有基础，才能更充分。

五是精神留白。学习的过程不仅是学习知识的过程，也是思想和精神进步的过程。作为其主体的学生都是有思想的人，教师要关注学生对知识的掌握情况，更要关注学生的思想动态。在课堂学习中要充分地信任、理解学生，维护他们的自尊心，激发他们的成就感、自豪感，不能因为担心学生犯错就束缚他们的思想，要让他们以开放的心态大胆地去说、去做、去思考，敢于质疑、勇于表达。只有这样，他们才能不怕犯错误，勇敢地对老师、对书本、对所遇见的事等提出各种各样的问题；也只有这样，他们才能体验到成功的喜悦，与老师、同学在课堂上更自然地交互、共享。

卢梭说："教育是随生命的开始而开始的，孩子在生下来的时候就已经是一个学生，不过他不是老师的学生，而是大自然的学生罢了，老师只是在大自然的安排之下进行研究，防止别人阻碍它对孩子的关心。他照料着孩子，他观察他、跟随他，他极其留心地守候着他薄弱的智力所显露的第一道光芒。"随着教育的发展，学生早已不是"流水线上被统一制造的产品"。留白式教学其实就是让不同的学生获取适合自己的教育方向。在"双减"时代，这是一种有助于培养学生创新意识的教学方式，是所有教师努力的方向。

打造人人动起来的班级"动车组"

青岛超银中学(金沙路校区)语文教师 杨雪

教学中最理想的状态是全班齐头并进，我更乐见的是学生热火朝天、积极奋发的状态。要有这个状态，就需要每个学生都体会到学习的快乐，感受到学习带给他的成就感。为此，我在语文教学中尝试分层教学，根据学生能力划分 A、B、C 三个层次，给他们分别安排任务。例如，在初三语文文言文复习课上，我给三个层次的学生安排的任务如下。

A 层次的学生利用 5 分钟时间复习文言文基础，利用 10 分钟时间完成 1 篇课外文言文阅读。

B 层次的学生利用 10 分钟时间复习文言文基础，利用 5 分钟时间完成生字、病句、成语 6 题练习。

C 层次的学生利用 15 分钟时间完成文言文基础复习。

15 分钟后，全班统一测试文言文基础掌握情况，A、B 层次的学生上交不同课堂任务。课后，我会批改全班文言文检测和 A、B 层次学生练习。

第二节课时，C 层次学生用 15 分钟准备基础背诵，我分别用 5 分钟时间给 A、B 层次学生讲解上一堂课他们完成的试题重点和难点。B 层次学生用 10 分钟时间准备基础背诵，A 层次学生如果还是需要 5 分钟的时间复习基础知识，就可以省出 5 分钟来完成新的小题任务。每节课周而复始，让每个层次的学生都动起来，以期提高课堂效率。

这一过程中需要做到以下几点。

一、充分备课

一节课的效率提高了，课堂容量必然增大，所以提前备课、充分备课是特别重要的。同时，课堂时间宝贵，不能让学生做低效、重复的题目，我会准备好高质量习题，让每一次练习发挥应有的作用。

二、充分调动学生积极性

C 层学生有可能因为自己任务较为基础而对自己失去信心，所以在分层教学中，我始终采用小组合作制与分层教学相结合的方式。每个小组 A、B、C 三个层次的学生数量相同，小组合作时，A、B 层次带动 C 层次学生学习。A、B 层次学生给 C 层次学生讲解问题时，自己的能力得到锻炼，C 层次学生也学得更扎实。小组间相互评比、同层次学生间设置比赛、及时反馈小组分数、不吝惜表扬鼓励……我采用多种方法不断激励学生，用集体的力量带动各个层次的学生学习。

三、分层是为了不被分化

实施分层教学，目的是让全班一起"动"起来，打造班级"动车组"。课堂上我实施分层教学的目的是为了学生不被分化，所以我从不纵向比较。所谓纵向比较，就是把 A 层学生和 B 层学生的成绩拿出来进行对比。我在分层教学中确实根据学生学习能力将学生分成 A、B、C 三个层次，但每个人能力有大小，我倡导的是每个学生都有比原来更好的发展。所以我会采取横向比较，即在相同层次比较每个学生的进步程度。每个层次的学生不是固定不变的，我会根据每个学生的具体情况和每节课的学习内容划分层次。比如，在语文基础复习课上，小 M 非常擅长语文学习，基础扎实，基础背诵时他应该是 A 层次，但小 M 的语文阅读理解能力欠缺一点，属于 B 层次，那么在阅读理解习题和讲评课中，小 M 就应该和 B 层次的同学一起奋斗。如果经过一段时间的努力，小 M 的阅读理解能力从 B 层次提升至 A 层次，我会及时调整分层任务名单，并给予小 M 鼓励表扬。

四、小步子勤反馈

给每个层次学生完成任务设置的时间不宜过长，特别是 C 层次同学，他们本身集中注意力的时间较短，建议 10 ～ 15 分钟进行一次反馈。设置任务时，内容少一点，逐渐增加学习任务量，如此才能让学生有"踮起脚就能够着"的感受，学生的行动也会更加积极。

教学是不完美的艺术，在分层教学方面我还有很多需要探索和尝试的地方，接下来我会在实践中继续完善课堂分层教学。

减负提效在路上

青岛超银中学（金沙路校区）物理教师 于金刚

2021 年，中共中央办公厅、国务院办公厅印发了《关于进一步减轻义务教育阶段学生作业负担和校外培训负担的意见》（以下简称《意见》）。《意见》明确指出："减轻学生负担，根本之策在于全面提高学校教学质量，做到应教尽教，强化学校教育的主阵地作用。""双减"时代，身为物理老师兼学校的物理教研组长，我与团队成员一直致力于探究"聚焦物理学科素养、创新物理教学方法、提升课堂教学质量"。

一、让学生成为课堂的主体

子曰："知之者不如好之者，好之者不如乐之者。"为了培养学生对物理学科的兴趣，在课堂上我们创设悬念式问题情境：利用一些违背思维定式的现象或小游戏、演示实验等作为课堂导入，从而引起学生兴趣，激发学生的求知欲望。比如讲到物态变化中的升华，我们利用干冰模拟孙悟空腾云驾雾的舞台效果，让学生参与舞台效果的设计过程，师生相互配合，营造出和谐的课堂氛围，极大地调动了学生的兴趣，让学生真正成为课堂的主人。

二、拓展科学探究与思维能力

"双减"政策下，我们更需要灵活运用优质的教学资源，组织学生进行拓展学习和深度学习，摒弃灌输式、机械式的教学模式，注重启发式、体验式、互动式教学，提高课堂教学质量。

我们利用教材中的原有素材，多方位发掘、开发素材的价值。例如，在讲"升华"这一节时，我们进行了组内教研、网上搜索和征集学生的点子，最后利用干冰吹气球、干冰制霜，学生经过自主探究，从题海中跳出来，走进快乐的实验舞台。这种思维的转变，减轻了学生的学习负担，提高了学生对知识点的理解程度，增加了学生学习物理的兴趣，可谓一举多得。

三、学以致用体现育人价值

物理乃万物之理，源于生活，应用于生活，这是物理学科的先天优势。我们在物理教学中，注重联系生产、生活实际，体现"从生活走向物理，从物理走向社会"的教学理念，让学生感受物理学就在身边，体现物理的应用价值。

比如，在讲初三年级的"内能"这一节课时，有一个易错的知识点：做功的实质是内能和其他形式能的相互转化。这个知识点易错的原因是，我们演示的实验大多类似钻木取火，这些实验都是内能和机械能的相互转化。于是，在教授这节课时，我制作的PPT上出现了这样一张图片，画面上是一个劣质的可以喷火的吹风机。图片下方我备注了一行文字：某购物平台九块九包邮的吹风机。学生看到图片，哈哈大笑，瞬间明白，电流做功时，电能也可以转化成内能。这样，学生在轻松活泼的氛围中掌握了这个易错知识点。

四、作业设计助力课堂减负

"双减"政策下，教师更要做好"加法"。我们发挥集体智慧，通过设计拓展式、体验式、实践类作业激发和培养学生的学习兴趣，通过全新形式的作业，提高学生的学科核心素养。我们充分利用信息技术手段，精心、精准设计作业，突出基础性和典型性，通过集备将作业设计提升到一个新的高度。

书面类作业，我们力求做到"少而精、精而有趣"。其实这不是一件简单的事情，需要我们比以前下更大的功夫，花费更多的时间，做更深入的教学研究，课前准备要更加充分，教材研习要更加透彻，知识要点要更加突出，学生的情况要全面了解，只有如此，我们才能根据学生的实际情况精心设计教学活动和作业安排。在"双减"时代，我们要杜绝机械、单调、重复性的无效作业和惩罚性作业；作业设计既面向全体，又兼顾个体差异。我们还积极探索分层作业、弹性作业；个性化作业的设计保证进度快的学生能"吃好"，进度略慢的学生能"吃饱"。

对待作业，我们充分发挥"超银的老师是超人"的精神，认真批改作业，加强面批面改，做好学生的答疑辅导工作；对待学困生要有足够的耐心和信心，他们作业跟不上，就提前给他们批改和讲解；在讲解时充分发挥鼓励的力量，做一道题鼓励，做一个步骤也鼓励，从而不断提升他们的自信心。

五、用教师的"勤"引导学生的"勤"

学生是否喜欢、擅长这个学科，与教师的"勤"不"勤"有很大关系。有没有提前备好课，有没有提前准备好实验器材，有没有把课讲得更易懂、更精彩都是我们教学成功与否的关键。学生对于知识掌握程度的提高源于学生自身的努力，也源于教师的勤抓、反复抓。曾有一个学生不会画串联、并联电路图，我就把同一个电路图让她画了三遍，给她讲了三遍，并把相关的基础知识全部讲了一遍。讲一道题用了半个多小时，学生感受到我对她的关注、付出，她学习物理的热情也大幅提高。

我们所做的一切都是为了学生，都是为了让学生成为课堂上的风景，而不是课堂上的背景。教学永无止境，永远在路上，我会继续努力钻研，做好事、育好人，让减负提效的课堂成为校园里一道最美的风景。

提高英语教学质量的"四重奏"

青岛超银中学(金沙路校区)英语教师 张晶

作为一名从事英语教学十几年的一线教师，我经历了新旧教材的更换、新课改和青岛新中考政策及"双减"。在学校的带领下，我们一直不断地研究教材、教法、学生的学法，不断培养学生的核心素养。虽然几经变革，但我个人认为英语教学应当始终遵循趣、实、高、新的原则，这也是我在英语教学中一直坚持在做的。

一、趣：打造趣味课堂，形成趣味学科

对于一门语言来说，如果只是单纯地为了考试而学，那就失去了意义。只有运用，才会让学生感兴趣，从而真正实现学习英语的价值。在英语教学中，教师一直致力于营造让学生开心学英语的氛围。学生敢说、多说就是兴趣的体现。教师应与学生多说英语，课前给学生用英语发表自己看法或演讲的机会，不断把说的机会交给学生。于是，越来越多的学生从说英语中找到了乐趣，找到了自信，从而营造了良好的课堂氛围，学生不会感到英语学习枯燥无聊。"双减"政策下，教师应更加注重对学生英语素养的培养。

二、实：处处落实，学得扎实

英语作为中考科目，学生学得扎实至关重要，听、说、读、写每一项能力

都不可缺少。在"双减"政策下，教师应在备课时围绕课标和对学生核心素养的培养，不断地研究思考自己的教学方法及学生的学法，将每一次备课落到实处。教师要认真备学生、备教法、备学法、备课标并联系核心素养，确保学生对于整个文本的理解和运用，做到学以致用。只有教师用心做到实处，才能更好地指导学生学习。

"双减"后我的第一次公开课令我对备课有了更深刻的认识。这次公开课，我选择了较难的阅读课与作文相结合，这对我来说是一个挑战。一直以来，学生在英语学习中存在的比较大的问题就是写作时没有逻辑不能形成整体性，归根结底是学生对于阅读没有形成整体的构架，不会与写作结合。通过这次公开课的备课，我感悟到：备课时要有整体构架的意识。关注课程标准、课程目录，同时参照课本目录进行分析，并考虑是否适合学情，结合以上确定单元整体框架结构。整个授课在框架的支撑下围绕着本节课的关键词句进行强化。因此，教师在备课环节需要多动脑、花心思。一堂真正让学生有收获的课，需要教师在备课时付出大量的心血，课堂环节的设计，尤其是问题的设置能否引领学生进行自主学习是关键。因此，备课需要整个集备组和教师个人共同努力，研究课标、研究目标、结合学情，从而真正落实英语核心素养，提高教学质量。

三、高：高效课堂，高效学习

英语知识点繁杂，记忆起来不是很容易，繁多的知识点很容易让学生产生压力和畏惧。为此，高效课堂在英语教学中极为重要。打造高效课堂，教师首先要确定每节课的目标，即本节课需要达到什么样的目标，用什么样的方式让学生达到相应的目标。其次，教师要带着目标进行授课。在阅读写作中我采用了如下方法，收效不错：带着学生了解框架——以旧知引新知——通过好词好句进行积累——在框架的支撑下，学生进行类似作文文本整体结构的分析，通过词汇的积累最终成文。最后，教师要在课堂上提高效率，做到归类重难点、易错点、易混点，重心前置，打造高效课堂；同时，根据学生特点进行分层教学、分层提问、分层习题，使不同基础的学生都可以找到适合自己的英语学习方法，提高英语学习的自信心。

面对英语繁多的知识点，一定做到"四清"，当堂内容当堂解决，当日问题当日解决，从而做到每周、每月知识点的梳理与巩固，将一个个疑问清理掉，英语学习就更加高效。

四、新：适应新理念、新政策

现行的中考政策对于英语的要求就是与国际接轨。这就意味着，英语教师首先要有敢于改革和创新的精神。英语不仅是一门中考学科，也是一门语言。通过这门语言，学生可以更好地了解世界、探索知识。教师传授给学生的不仅是知识，还通过这门语言开阔了学生的眼界，提高了他们的能力。这也是每位教师最需要让学生获得的能力。

教师应不断创新教学方法，提高学生的自主学习能力及探究和创新能力，把课堂还给学生，把更多的机会留给学生。学生之间的小组合作、生生互教都是很好的方法，可以充分发挥学生的主体性。小组合作中，教师应根据学生的情况进行合理分工，做到每个学生都有事可做，让学生在自己力所能及的范围内提高自己，同时要意识到团队的重要性。生生互教能让学生真正感受到自己是学习的主人，感受到乐于助人的温暖。学生的潜力远远高于我们的想象，教师应适当地放手，让学生发挥自己的能力。只有教师不断地用心思考，不断地学习、研究和创新，学生才能学得开心，从而让家长放心与认可。

无论年龄几何、教龄几载，教师都要在"双减"政策的指引下不断学习创新，摆脱传统的教学模式，使学生融入课堂，培养学生的兴趣和能力，真正培养学生的英语学科素养。

读书过后，善于"说"书

青岛超银中学（金沙路校区）小学部语文教师 吴文君

"双减"减负担，阅读提品质。"双减"之下，阅读作为重要的"加法"被明确写进了教育部的指导意见中。小学阶段的课本内容相对单一，远远不能满足学生大脑成长的需求，他们需要博览群书，广泛涉猎百科常识，才能最终形成一种强大的发展能力。然而，阅读是需要引导的。如果教师能为学生提供协助，帮助他们积累阅读经验，那么他们便能排除障碍，在"书海"中尽情遨游。艾登·钱伯斯在《说来听听——儿童、阅读与讨论》中指导教师和家长通过设计组织阅读讨论活动，帮助儿童领会一本书的多个层面的含义，从而进行广泛而深入的阅读。

作为一名语文教师，我在课堂上曾有这样的困惑：为什么许多学生在课堂上羞于表达，更爱纸上谈兵呢？为什么许多学生人云亦云而不敢大胆创新呢？钱伯斯的许多观点值得我们深思。"阅读并不只是浮光掠影地扫过一排排文字，比起兴之所至的随口闲聊，阅读应当是一种更有生产力、更有价值的心智活动。"我觉得这种心智活动不仅在于思考，更在于表达。因为"能够将读过的书说个清楚，本身就是一种极具价值的行为，这一行为也是完整表达己见的最佳演练。也就是说，在帮助学生把阅读的内容用口头语言表达出来时，我们同时是在训练、培养他们的表达能力"。因此，为学生创造能激发他们"表达欲望"的环境显得尤为重要。怎么做呢？钱伯斯列举了四种方法——说给自己听、说给别人听、大家一起发言、聊出新想法。

一、说给自己听，需要充足的时间准备

说给自己听，把想法说出来的动机不仅指聆听自己的内在，更指希望通过与听众的互动理清自己的意图。只有先让学生愿意说给自己听，才能引导他们说给别人听。我在读书活动中发现，教师提出一个问题，很希望学生瞬间"小手林立"。其实，学生举手只是一种表象。他们的大脑或许还没有充分考虑这个问题，内心还没有把自己的想法先说给自己听，所以常常会出现站起来表达观点时吞吞吐吐或不知所云的情况。

想解决这个问题其实很简单——深思熟虑1分钟。课堂上，当提问一些比较有难度的问题时，我会告诉全班同学："请你们不要着急回答，先深思熟虑1分钟，说给自己听一听。"这1分钟的准备时间让学生有时间组织自己的想法，为后面的表达做好铺垫。因为"有备而来"，所以学生无形之中有了一定的自信心。

二、说给别人听，需要学会自圆其说

阅读不是读者一个人的事，而是一个分享的过程。"一千个读者，就有一千个哈姆雷特。"教师不仅要引导学生说给别人听，还要关注学生能否对自己的观点自圆其说。没有经过训练的学生在表达时往往讲一句话，甚至几个词语就结束了，不深入、不完整，这就需要教师适时引导。教师可以通过"你为什么会这样想？""你说完了，老师还没有明白，能再具体说说吗？"这种言语上的激将法，让学生进一步分析，尝试把自己的观点表达完整。

三、大家一起发言，需要取长补短

《全日制义务教育语文课程标准》把合作学习作为一条重要的理念提了出来，核心理念是以学生发展为本，让学生参与教学是课程实施的核心。小组合作学习让学生学得有兴趣，可以把学生领进精彩的问题空间，给每个学生提供同样的表现机会，从而实现共同提高。

大家一起发言是形式，取长补短才是目的。因此，在小组读书交流时，教

师要设置具体的、有针对性的、难易适中的、具有一定开放性和思考价值的探究任务。另外，教师应该走近他们，或者做一个安静的聆听者，或者参与到他们的讨论中，适时地对他们的看法进行点拨，会达到更好的效果。

四、聊出新想法，需要鼓励大胆创新

在这一部分，钱伯斯向教师提出了三个问题：当读书讨论产生新的变化时，教师要说些什么？做些什么？当新想法出现时，教师应如何确定它的"新鲜度"？一堂美国小学阅读课《灰姑娘》或许会给我们更多的启示。

老师在与学生讨论书中人物时，对于灰姑娘的继母，有许多学生认为她是坏人，因为她不仅虐待辛黛瑞拉，还千方百计阻止辛黛瑞拉与王子见面。一个学生提出了不同的看法："如果我是辛黛瑞拉的继母，我也会阻止她去参加王子的舞会。"老师问："为什么？"学生答："因为，因为我爱自己的女儿，我希望自己的女儿当上王后。"老师说："是的，所以，我们看到的继母好像都是不好的人，她们只是对别人不够好，可是她们对自己的孩子很好，你们明白了吗？她们不是绝对意义上的坏人，只是她们还不能够像爱自己的孩子一样去爱别人的孩子，她们还不具备这样的能力，因此，我们可以试着谅解她们。"

对于一个人人见而诛之的反面人物，学生却有了不同的看法。当读书讨论产生新的变化时，这位老师捕捉到了学生认知层面的可贵之处——体会到母爱的伟大，并且加以肯定和赞许；同时，不忘对学生进行正面引导，母爱虽伟大，但是辛黛瑞拉的继母却并非如此。因此，我们可以谅解，但不能效仿。

的确，在课堂上，学生常常会有一些奇思妙想，如果教师能像钱伯斯那样把它当作一个问题来进行研究，能像那位美国老师一样想学生所想，赞许和引导并存，那么学生的思维便不会受到约束，课堂就能异彩纷呈。

读罢此书，我更感觉到要想打造良好的阅读环境，教师需要大量地付出，需要对学生不断地引导。过程是辛苦的、烦琐的，但看到学生每天在自己的带领下浸润于书香中，心灵被一本本好书沐泽，他们的成长因有了书的陪伴而更加多彩，是一件多么令人愉快的事情啊！

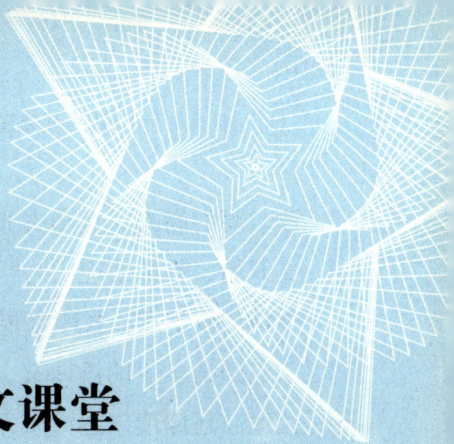

打造学生喜欢的语文课堂

青岛超银小学语文教师 颜赟梅

如果说语文是明媚阳光下碧蓝的无边大海，那么我仅是碧波中小小的一条鱼儿，领着我的虾兵蟹将在风景正好的海里练习自由泳。多年的弄潮，回望潮起潮落，我尝试着去理解语文这一汪洋大海。

一、坚守学科本色

语文，在《现代汉语词典》（第七版）中有两层含义：一是语言和文字；二是语言和文学。这与叶圣陶对语文的定义不谋而合。语文教学应该包括听话、说话、阅读、写作四项。怎样落实语文教学大纲目标，实现语文课堂的有效，甚至是高效呢？这是一个大课题，我只能轻触皮毛。

坚守语文本色，切勿闻风而动，将语文课堂变成百家杂堂。潮起时，有过思想品德型语文课堂、艺术浸润型语文课堂、戏剧表演型语文课堂……凡此种种创新型语文课堂，往往是买椟还珠。我喜欢素色的语文课堂，认认真真地说话，仔仔细细地听话，胸中有丘壑地写字，一丝不苟地读好每句话，沉浸其间悉心品味，顺其自然真诚表达。

要想做到这一点，教师首先应该去躁存静。身处这样一个时时刻刻讲究创新、追求独放异彩或大放光彩的时代，要想做到坚守语文的本色，教师先得存一颗淡泊之心，宁静致远。其次，教师得先修炼"内功"，做听、说、读、写的高人。真功夫非一日可达，每日每课备课都得分外严谨。从朗读课文开始，教师便应引导学生练习汉字书写，逐句品读，整体把握，寻找切中学情的教学点。我印象很深的是于永正老前辈在讲《高尔基和他的儿子》时，于老师请学生朗读课文，肯定学生朗读时大概是这样说的："你能够把课文读通，还能读出感情来，真的是不简单呀。老师在备课时，也是要读上好几遍。是呀，只有自己先认真地读一读，方能有深切的体会，也能有的放矢地指点一二。"在写字时，于老师先是自己工工整整、极其规范地将重点词语书写在黑板上，再引导学生观察字、关注重点书写笔画、把握字的整体框架。在写作时，于老师亦先"下水"试写，知方圆，巧点拨。

二、发挥育人功能

语文离不开生活，就像鱼儿离不开水，鸟儿离不开蓝天。就说语言的理解吧，理解字词句不能单靠翻阅字词典，关键还得将文字和自己的生活体验相关联。其实，教学的要义在于唤起学生曾经的生活感知、理解。准确丰富的生活观察、感受、思考是语文学习能力强的一种表现，教师应该在课堂上恰当地激活学生的已有经验。更值得嘉奖的是语文课堂还能指引学生再生发对语文，甚至是对生活百倍的激情。

其实这一点在文本的理解上表现得尤为突出。当学生阅读《伊索寓言》中《蚂蚁和蝉》时，一般都能够很轻松地领悟小故事中蕴含的道理：只有充分的准备，才能应付困难，不然就惨了；可能也会触发这样的联想：春天播种耕种，夏天辛勤浇灌，秋天才有硕果累累，冬天天寒地冻才照样能乐享生活；还可能会萌发这样的感慨：我们要是不趁着现在的大好时光努力学习，积攒本领，到了年岁渐长，一事无成，只能回首往昔，懊悔不已。为什么学生读了这个故事能有这样的感悟呢？因为它将我们生活中这类型的生活体验浓缩在这个故事中，有了源自生活的好作品，自然就会有来自作品的真切生活感悟。

一线教师应不断更新教育理念，优化教育模式，让"双减"政策得以顺利实施。作为语文教师，我们不仅要扎实地守住语文的根，还要让语文课走进学生更为广阔和丰富的生活中，这样的语文教学才能真正地畅游在碧海蓝天之间，帮助学生在学习过程中养成科学的学习态度。

为高效教学调配优质资源

青岛超银小学英语教师 宋静

"双减"时代，小学英语教师如何让学生在有限的课堂时光里学好英语这门语言，有太多的东西值得我深思、探索。通过多年的工作实践，我认识到，小学英语教学不应只满足于对单词、句型的概念化解释和程序化分析，那样只会使教学资料平淡、课堂气氛沉闷，使学生不能全身心地投入到英语学习中，使他们原有的兴趣和信心很快丧失殆尽。那么，怎样才能打造高效有趣的英语课堂呢？这需要教师秉持一路学习、一路总结的精神，不断创新，提高水平，保证质量。

一、巧用课堂资源，培养兴趣

三年级的学生面临语音的难题，读读背背间总会混淆，学生和我一样着急和苦恼。面对抽象的音标、易混淆的词汇，怎么才能让学生潜移默化地形成良好的语感呢？我决定从学生喜爱的儿歌和字母动画入手。我搜集了与字母相关的视频和动画资源，如字母积木和字母歌来助力学生的语音和自然拼读学习，配合课本，使学生不仅了解字母的读音和写法，还能了解字母的发音和相关的单词。学生通过有趣的动画，在快乐的氛围中了解了简单的字母拼读规律，大量原汁原味英语的学习环境也给学生提供了语言输入的机会。字母歌有着很强的音乐旋律，朗朗上口，学生十分喜欢。学生爱唱爱表现的特点奠定了我这一举措的成功。很快，我就发现学生变被动学习为主动学习。课堂上，我总能看到他们凑在一起认真讨论字母发音的热闹场景，也能看到他们据理力争的"争吵"场面，但最终都会看到他们互相认可的笑容。在这样的氛围下，语音题目的正确率得到了极大的提升，为学生将来的音标学习打下了良好的基础。

二、巧用作业资源，助力英语学习

作业的布置要巧妙。除了常规的听、读、背的作业以外，我会依据节日或者学生感兴趣的话题布置特色作业，从而让艺术和英语相结合，让作业成为学生引以为傲的艺术品。

作业应有趣味性。兴趣是最好的老师。学生的英语学习活动应当是一个生动活泼的、主动的实践过程，而作业在激发学生学习英语兴趣方面的独特作用不可忽视。有趣的作业不仅可以激发学生的好奇心，提高学生学习英语的积极性，还可以培养学生思维的灵活性、敏捷性。例如，在学完一些情节性很强的课文后，我会布置表演性作业，让学生自编自演。有的学生十分投入，自己设计表情、动作、服装、道具、舞台背景等，录制视频与同学们分享。这样一来，既能使学生各方面的才能得到充分的展示，又能让学生在潜移默化中加深对课文的理解，有助于学生背诵课文。学生在表演中收获了很多乐趣，他们学习英语的热情也会高涨。

作业应有层次性。因为班里每个学生的学习习惯和接受能力不可能处在同一层面上，所以教师设计作业时要面向全体学生，兼顾不同层次的学生，给不同层次的学生布置不同的任务，让他们都有自己努努力就能达到的小目标。教师还要及时给予表扬和鼓励，让不同层次的学生都有信心和冲劲儿。

社会需要的是全面发展的高素质人才。因此，英语教学不能仅局限于课本知识，教师要拓宽学生的知识面，让他们了解多方面的知识。我会提议学生借一些图文并茂、幽默诙谐的趣味读物，便于学生在轻松、开心的阅读中得到提高，令学生感受到学习英语也是种享受。通过相关话题的绘本图书拓展，学生开阔了视野，进一步提高了学习英语的兴趣。

通过教学中的这些尝试，学生学习较为用心、主动，听说能力大大提高，合作意识和交往潜力也大大增强，学生学习英语的兴趣得以持续。作为教师，我由衷地感到高兴，切身体会到了智慧和创新带来的欣慰和喜悦。但这只是一个开端，我要做的还有很多，需不断地在学习中开悟、蜕变，需多思考、勤总结，做"立足现在、着眼未来"的教育者。

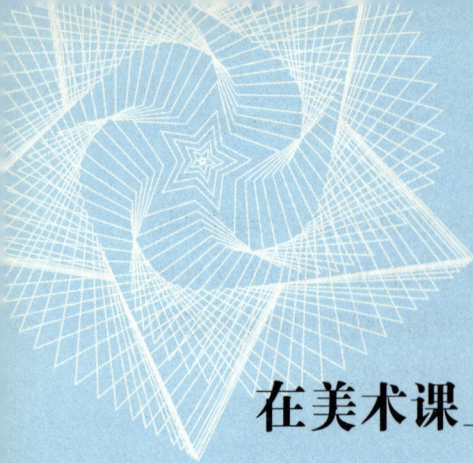

在美术课上触发想象力与审美力

青岛超银小学美术教师 苏盈心

《2022年艺术课程标准》的提出使义务教育阶段的美术课程步入核心素养的时代。新课标以立德树人为根本任务，坚持以美育人，重视艺术感知和情感体验，突出课程综合性，强调学科融合与跨学科教学。作为一名小学美术教师，我在日常教学中一直重视对学生多方面能力的培养。除常规课程之外，我还能做些什么来抓住更多学生的兴趣点，让学生主动参与到课程中来呢？这引发了我的思考。

"美"是指一切关于美的事物，"术"是指制造美的技术技能，所以无论是从字面上的解释，还是从我们对于事物理解的顺序上，都要把认识美的能力放在最前面，也就是我们常说的审美力。而这些能力的培养过程又如何能与实际生活相联系，从而应用于日常生活中呢？学校的职业体验活动给了我灵感。

爱美之心人皆有之。不少学生在儿时的梦想职业就是成为一名服装设计师，我也不例外。服装设计师、时尚搭配师到底是做什么的呢？从设想到成衣制作的完成都有哪些工序呢？学生并不清楚。不妨从这里入手，打开新世界的大门，既可以找到能让学生主动探究学习的点，又可以让学生提前体验作为一名服装设计师的日常与乐趣，以及作品完成后的成就感，何乐而不为呢？

众所周知，服装设计是一门涉及领域极广的边缘学科，和文学、艺术、历史、哲学、宗教、美学、心理学、生理学以及人体工学等密切相关。有人认为儿童是无法理解服装设计的高深的，让小学生学习大学课程是不合常理的，毕竟孩童与成人所处的身心发展阶段有所不同。但也正因如此，探究如何在尊重孩子生理、心理发展的前提下深入浅出、循序渐进地使他们既能够提高各项能力又能感受其中乐趣，显得更加有意义和有价值。

教师可以在课堂上引导学生欣赏大师作品，提高学生的审美眼界，引领他们走进设计师的世界，从而了解设计师的创作灵感来源、思维方式和最终的舞台呈现。面对不同服装廓形、面料的质感与特性、纹样装饰与色彩时，教师可以通过分析原理，让学生谈谈感受。如此，不仅可以让学生主动思考，还可以提高他们的语言表达能力和色彩搭配能力，增进学生对装饰美和色彩美的感知。教师应让学生学习自由运用多种材料，专注表达自己独特的原创创意，提高学生的动手能力、艺术素养和时尚审美能力，让学生成为一个充满好奇、善于发现美好、有实践信心的小艺术家，从而全面开发他们的潜在想象力与创造力。

爱因斯坦说："想象力比知识更重要，因为知识是有限的，而想象力概括这世上的一切，推动着进步，并且是知识进化的源泉。"这句话告诉了我们想象力的重要性，它是存在于人类思想中最为神奇的一部分。很多伟大的科学发明，最早的雏形都源于人们的奇思妙想和天马行空，而在美术这门重视培养学生情趣和审美能力的学科中，想象力的作用也是极大的。

美术教育一直是一种多元化的教育，它包含方方面面的内容，是立体的、综合的、有机的。而其中最为特别的是它作为感性教育的一方面。美术教育本质上是针对人而进行的教育，它与人的感性有着直接的关联，并且美术教育里的许多内容都是具有感性品格的。美术教学的这种特点使得想象力这种最佳感性的能力成了美术教学中不可缺少的组成部分。所以教师不仅要保护好学生的创造力与天性，更要守护住自己的好奇心与创造力，积极向上，勇于探索。

"双减"让做作业如此有趣

青岛超银小学语文教师 张嘉巍

在"双减"政策下，国家大力提倡减轻学生的作业负担，全面提升学生的综合素质。这就要求教师用多样化的作业设计来突破先前作业模式存在的弊端，采取有效的措施来提高作业设计的效果，为学生的课后学习活动带来更加新颖的体验。

一、丰富作业的课后内容

很多语文作业都是以"写"为主的，"写"的能力虽然在语文教学中很重要，但由于语文是综合学科，"听""说""读"的能力也很重要。因此，我选择了丰富多彩的作业内容，致力于学生综合能力的提高。例如，在学习《济南的冬天》这篇文章时，我根据文章内容设计了很多不同的题目，让学生更好地理解文章的内涵，扩展其思考的深度和广度。

有很多精彩的文章都是描写冬天的，《济南的冬天》在描写冬天时运用了什么手法。有什么特点？

作者在《济南的冬天》中用了拟人的手法，请试着找出文章中的哪些句子运用了这种手法。这样用的优点是什么？

请试着说说还有什么文章是描写冬天的，你最喜欢其中的哪一篇，并说说自己的理由。

这组题目的设计具有多维的特点，涉及文章的内容、寓意、修辞手法。问题从《济南的冬天》延伸出去，从学生的回答中能看出学生的阅读量、自主阅读能力及审美能力等。

教师布置的作业应注重内容的多维化，让学生在完成作业的过程中学会主动思考、自主体验，让作业更具实践性，更适合学生个性的发挥。

二、创新作业的设计形式

"听"的作业。从根本上来说，"听"的作业并没有固定的形式，在实施的时候，一般有以下两个方面的内容。一方面，让学生多听一听课文的朗读，尤其是多角色的朗读，让学生仔细聆听每一个角色的口吻、感情，这样能够协助学生感知和理解文章。另一方面，要让学生多听一些和语文学科相关的内容，这样能够极大地培养学生的语文素养，增强学生的语感，最终协助学生理解学科内容。

"说"的作业。对于学生来说，减负并不是简单地减轻作业负担，更重要的是真正地打开学生的心扉，让他们愿意去表达，愿意把自己理解的知识向身边的人倾诉。例如，我在课前坚持设置2分钟演讲，为学生能够在他人面前大方得体地表达提供了很好的平台。"说"的作业就是要让学生把在课堂上学到的知识、自己最近阅读的书目向自己的家人进行复述，以讲故事的口吻直白地表达自己学到的知识。这样一来，学生学到的知识会得到强化和巩固，他们自身的成就感也会大大增强。而对于一些开放性的文章，教师应该鼓励学生大胆思考、想象，持续培养学生的综合素质和想象力，在这样的过程中，学生的个人学习水平会得到大大提升。

"读"的作业。语文水平的提升并不是一朝一夕就能完成的，需要日积月累的实践和坚持，所以要增强学生的课外阅读和积累，这就是我们所说的"读"的作业。"读"的作业主要是指必要的课外阅读，在内容的选择上，学生可以随机选择。例如，学习了丰子恺的《手指》后，为了更好地理解丰子恺及其作品，学生可以阅读丰子恺的其他作品，感受丰子恺风趣幽默的语言风格。在此过程中，学生会对丰子恺有更加深刻的认识，他们的思维也会得到很大的拓展。这样一来，学生的阅读水平会有明显的提升。

"写"的作业。教师可以结合其在课堂中铺垫的教学活动，为学生的课后作业开展奠定一个良好的基础，还能够调动学生运用课堂所学知识完成课后作业。例如，在学习《军神》这篇课文时，教师可以结合课文的故事情景和历史背景，让学生在课堂上改写《军神》的故事，以"如果我是刘伯承"为题来进行创作，鼓励学生从创新的视角感受刘伯承的坚毅。

"画"的作业。在实际的观察过程中，我发现很多学生都有绘画天赋，他们总是喜欢用绘画的方式表达内心的某种情感。《牛郎织女》这篇课文对故事场景有具体的描述，教师在讲解这篇课文时，可以通过推进式的思维导图作业设计引导学生梳理场景，用文字记录印象深刻的镜头，深入把握内容，初步感触人物情感。文本的学习只是学生学习的一个起点，教师可以以学生的语文实践活动为切入点，进行项目融合式——连环画的作业设计，促进人文艺术的渗透，提升学生的语文综合素养。

"演"的作业。在学习语文的过程中，表演是一个非常重要的内容。对于学生来说，表演能够帮助他们更好地理解人物形象和人物性格特点。例如，在学完《武松打虎》之后，学生能够根据课文情节进行排练、分角色表演和准备道具等。这些过程能够锻炼学生的动手能力，提高团队协作水平和形象表演水平；更重要的是，在完成这些步骤的同时，学生能够进一步加深对课文的理解和对各种角色形象的塑造，能够更好地掌握他们所要表达的内容。

作业作为课堂教学的延伸，不仅承载着教师对学生课堂学习情况的考察任务，还要帮助学生实现对自身能力的锻炼。因此，教师应对作业内容与形式进行多样化的创新设计，培养学生的综合能力。

第四章
"金牌门童"服务理念
是超银品牌的特色

在办学的过程中，超银学校提出了"金牌门童"的教育服务理念。这个"门童"不是真正的门童，而是一种精益求精的教育服务意识，是对教育的执着与敬畏，是为全体家长和学生提供高品质的教育服务。建校20余年来，超银学校以高品质服务一步步向着"政府放心、家长满意、学生喜欢、社会认可"的办学愿景迈进。

当好"金牌门童"，为学生成长服务

青岛超银学校副校长、崂山区书院学校（超银崂山校区）校长 梁之合

做"金牌门童"是超银教育的重要理念之一。什么是"金牌门童"服务理念？让我们先了解一下"金牌门童"的故事。

吉尔生于纽约黑人区布鲁克林，他没有上过学，只能做保安、仓库员这样的工作。吉尔对工作十分负责，他通过自己的努力成了佳士得拍卖公司的门童，主要负责帮客人开门。吉尔认为这是一份关系公司形象的工作，他总是尽自己所能把工作做到最好：吉尔将报纸上所有名人的照片、名字和介绍都剪了下来，贴在家里的墙上反复练习。每天迎接客人的时候他都会说："啊，您好，某某先生（小姐），我们一直在等您哦！"这让每位客人都有宾至如归的感觉。门童这份工作，吉尔做了35年，退休时公司为他举办了一场盛大的酒会，并宣布他将以公司副总裁的身份和待遇退休。

从吉尔的故事中，我们读到了"要做就做到最好"的高目标意识、精益求精的服务理念、严谨细致的工作责任心、勇于自我突破的创新意识以及持之以恒的韧劲……超银学校提出的做"金牌门童"，是一种全心全意为学生服务的教育情怀，是一种精益求精地为全体家长和学生提供高品质教育的意识。

一、全心全意为学生：以"爱"为起点

没有爱就没有教育。

超银老师爱学生，就有了生活上无微不至的关怀。午餐时班主任反复叮嘱，生怕学生吃不饱。放学时为了学生安全，不管多晚，护导老师总要等到最后一名同学安全离校才回家。在崂山校区，有个叫小天的学生从小跟随道观师傅生活，小天的饭量比较大，午饭时班主任时常把自己的饭菜提前拨给他一部分；没有红领巾，班主任给他买；头发长了没人打理，学校定期派人带他去理发；居住的地方冬天不具备洗澡条件，老师给他准备了新毛巾、洗发水及沐浴露，带着他去学校员工宿舍洗澡；他的鞋子少，有的露了脚尖，冬衣少，衣服太单薄，校长就送给他鞋子、棉衣……

超银老师爱学生，就有了学习上无处不在的帮助。学生有疑难问题，总愿意第一时间向老师求助，不管多晚，老师总能第一时间回复。"24 小时陪伴""老师总在你身边"是超银老师的口头禅，也就有了超银家长"无论什么时候，有问题可以随时问老师，我们超银的老师秒回"的感动。看到学生学习上有拖沓的习惯，老师就当起了学生的"计时器"，学生每完成一项任务就告诉老师，以此培养学生的专注力和高效学习的习惯，也就有了家长"解决了我六年无法解决的问题"的惊叹。发现学生有不会的题，不用等学生说，老师就会在放学后单独对其进行义务辅导，避免积少成多，造成学习障碍。辅导不是在国家提倡"课后服务"之后，而是超银老师多年来一直在做的事。

超银老师爱学生，就有了高度的责任心和无私奉献的精神：家人重病，一边照料家人一边带毕业班；哺乳期间为了不耽误上课，让家人抱着孩子来学校喂奶；腿摔伤了拄着拐杖进课堂；把家庭出现变故的学生接到自己家中同吃同住……当个人乃至家庭利益与学生利益发生冲突时，学生是超银老师义无反顾的选择。正如一位老师所说："三年来，我没时间逛街，没时间和朋友联络，因为心里装着 50 个人，生活里什么都是转头就忘，只有孩子们的事我总记在心上。不被理解的时候，我总劝慰自己没有你们的幸运，你们可以选择爱或者不爱我，而我只能选择爱或者更爱你们……"

超银老师用爱心、耐心和责任心为学生点亮人生，为家庭点燃希望。

二、追求高品质教育：兼顾当下与未来

"学生没有分数就过不了今天的高考，但只有分数赢不了未来的大

考。""分数是重要的，但分数不是教育的全部内容，更不是教育的根本目标。""好的教育就应该是培养终生运动者、责任担当者、问题解决者和优雅生活者，孩子们以健全而优秀的人格赢得未来的生活，造福国家社会。"……全国政协委员唐江澎关于教育的看法与超银学校的教育理念一致：既要着眼于当下，更要着眼于未来。"砺志、铸魂、奠基、自立"是超银不变的教育初心，"轻负担，高质量"是超银教育持之以恒的追求。

超银学校坚持立德树人，积极构建阳光教育德育课程体系，培养学生积极豁达、悦纳自我、宽容自信、感恩向善等阳光心理素质，培养学生惜时、进取、善学、专注、坚毅等阳光意志品质。超银学校的学生志向高远，能担当、敢负责、守规则，能合作、乐学善学、会生活，他们不仅取得了优异的成绩，还形成了积极向上的精神品格，为终身发展奠定了良好的基础。

超银学校积极搭建各种学习和实践平台，为学有特长的学生提供崭露头角的机会，并进一步着力培养，满足学生个性发展需求。各校区开设合唱、书画、编程、乒乓球、啦啦操、简笔画、未来科技、头脑风暴、心理、机器人等百余个社团，丰富了学生的校园生活，提升了学生的实践能力；开设心理健康课，开展"壹月壹心理"、大型心灵体操、个体辅导等活动，培养学生健康的心理，为学生将来的健康人生铺路；定期举行艺术节、读书节、科技节、体育节、劳动节等，助力学生德、智、体、美、劳全面发展；坚持做好"阳光大课间"，适时开展趣味运动会、跳绳比赛、英语模仿秀、跳蚤市场、演讲比赛等活动，为学生的全面发展、健康成长提供了平台。

"金牌门童"理念就是全心全意为学生服务，培养有好成绩、好身体、好精神品质，心理健康，会学习、懂生活的学生，为其全面发展奠基。

三、精益求精的服务：解决家长教育关切

教育是一个生态系统，学生是种子，家庭是土壤，教师是园丁，社会是环境。种子饱满、土壤肥沃、园丁辛勤、环境适宜，才能为学生的健康成长提供有力保障。生态链中的任何一个环节遭到破坏，都可能造成学生的不良发展。因此，在服务学生和家长的过程中，超银学校非常重视家庭教育和学校教育有机结合，搭建起家校互联、家校共育的立交桥。

　　超银学校通过家长委员会、家长会、座谈会、家校联系本、家长学校课堂、阅读沙龙、校长公开电话等途径了解家长需求。班主任、任课教师则通过微信、电话、家访、座谈等方式随时倾听家长声音,实现对学生和家长的常态化陪伴。孩子和父母闹矛盾,老师出面做协调员,帮助他们打开心结;中考来临,家长感到焦虑,晚上十点多,老师还在微信群里安抚家长⋯⋯这些温馨画面在超银不胜枚举,感动了学生,也感动了家长。而这正是源于"金牌门童"的理念,家长的教育关切得到了及时回应与解决。

　　百年大计,教育为本;教育大计,学生为本。超银人将在探索高品质教育、培养学生全面发展的道路上孜孜以求,不断反思,一路向前!

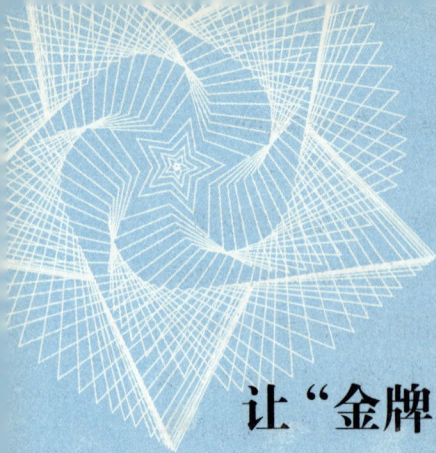

让 "金牌门童" 服务成为一种信仰

青岛超银中学（镇江路校区）副校长 王怡

2021 年，青岛超银中学这所建校 20 余年的民办学校因为质量而被社会广泛关注——一举成为全国唯一荣获第四届中国质量奖提名奖的初中学校，超银学校获此殊荣的秘诀是什么？这背后的原因是什么？探寻超银学校的使命、愿景、价值观，我想其中 "金牌门童" 的服务理念是学校发展的稳定器和动力源——超银老师以服务好家长、教育好学生为目标，以热爱教育事业为根，用爱包围每一个学生，在此基础上，为学生成长的方方面面保驾护航，为不断提高家长的满意度蓄力。

一、全方位做服务，铸就高质量教育 "幸福圈"

立德修身是送给学生一生的财富。超银学校自建校以来就坚持每天清晨有干部或者老师在校门口鞠躬问好迎接学生，校长更是率先垂范，用自己的行为为全体教师树立起服务的表率。在老师身体力行的引导下，超银学生在校内见到师长都会礼貌地鞠躬问好，这成为他们生活中一种自然而然的行为习惯。一个远赴意大利留学的超银毕业生碰到教授主动鞠躬问好，令外国教授大为感动。当被问及这么做的原因时，学生说："这是我从中学时期就养成的习惯。"在超银人看起来习以为常的鞠躬问好被人们口口相传，成为学校的名片。

营养伙食让家长无忧，让学生快乐。为让学生在校吃得安心、吃得放心，各校区成立膳食委员会，专门聘请营养师，针对学生生长所需的营养，对菜品及时更新，并做最新的搭配。每学期定时邀请班级家长代表走进后厨，零距离了解采购、加工流程、食品留样等，品尝学生午餐，观摩学生进餐。通过亲身感受，家长对超银学校的膳食质量和食品安全给予了高度的评价。

事无巨细，做好学生的后勤保障。超银学校成立了后勤安全保障中心，坚持后勤为教育教学服务，为师生服务；不断着力提高后勤人员素质，强化后勤工作的规范管理，确保后勤工作保障有力。超银学校根据不同季节、气候特点，针对各校区实际，有计划、多形式开展安全隐患排查与整改、消防安全演练、安全法规和安全常识教育，落实安全责任；与派出所、街道等单位相互配合、齐抓共管，既保证了学校自身的治安秩序，又对学校门口的交通安全、治安等起到了监督作用；通过安全教育平台、发告家长书等方式对学生进行各类专题安全教育。同时，为保证学校教育教学工作的正常开展，提升校园文化，后勤安全保障中心及时进行相关物资采购、物品维修，加强装备管理，全力提高后勤保障的能力和水平，以便更好地满足师生需求。

二、宽领域辐射，切实提高家长满意度

多彩选修课，让家长感受不一样的超银。超银家长感受最深的一点就是超银学生不仅会学，更会"玩"。超银学校给学生提供了许多拓展兴趣的平台，如学校开展的选修课程。以镇江路校区为例，选修课程有计划、有记录、有展示、有总结，做到了时间、地点、人员、内容四项落实。选修课是三级课程的补充和延展，在于进一步培养学生对特色课程的爱好和兴趣。学校开展了法语、沙画、双排键、剪纸、版画、皮艺、篮球、足球、编程等课程，发展学生在音乐、美术、体育、科创等方面的才能，丰富学生的课余生活，提高学生的审美素质，完善学生的艺术修养。在学期末的选修课满意度测评中，家长与学生的满意度高达99.5％。

以家长需求为导向，主动了解家长意愿。为了让家长更好地了解学生的心理与生活需要，学习和掌握教育孩子的方法与技能，提高家庭教育水平，让家长运用科学的方法解决家庭教育中遇到的问题，提升他们有效解决家庭

教育中各类问题的能力，超银学校专门成立了心理健康研究中心及家庭教育指导中心，定期组织家庭教育讲座活动，邀请校内外专家进行主题家庭教育指导。

以驻校办公为契机，让家长沉浸式体验。各校区设定每周家长驻校办公日，让家长走进学校，沉浸式体验学生的在校生活，消除家长的顾虑。驻校办公过程中家长可以与校领导面谈交流，反馈意见、沟通工作，让家长真正感受到学校、老师为了学生更好地成长所付出的艰辛与努力。

全员育人导师制，通过面对面交流让沟通常态化。为更进一步倾听家长心声、了解学生成长情况，学校实行全员育人导师制。班主任和任课教师通过家访结伴走进学生家中，与家长面对面交流学生的学习生活情况，征求家长对学生成长、班级管理、学校办学等方面的意见和建议，并形成问题台账。疫情期间，超银学校推出了视频家访，得到了家长的肯定和认可。

同时，超银学校每月进行不记名问卷调查，依托集团的智慧校园信息化管理平台，家长针对学校工作、教师授课情况等进行反馈，学校找问题、补短板、抓落实。

三、以全新视角满足家长需求

教师敬业，辛勤付出，优质服务获认可。每年，超银教育集团都会评选年度人物，以他们为标杆、为榜样，引领教师队伍的不断发展。他们当中有以身作则的党员教师，有经验丰富的中流砥柱，有年轻有为的"新生代"……他们在自己的岗位上全心付出，做学生的贴心"守护神"，带着对教育的赤诚，他们和学生一路纵情奔跑。每次教师节前夕，学校公众号推出的教师节留言板活动，后台都能收到十几万字的在校生、毕业生及家长的留言，字里行间流露的都是对超银教师的感恩之情。

提升课后服务水平，满足学生多样需求。"双减"政策发布后，超银学校坚持"金牌门童"服务理念，以问题为导向，本着"学生自愿，教师义务"的原则，在课后服务时间面向学生进行答疑，或者组织学生自主学习。超银学校还开设了兴趣社团，学生可以在放学后自主选择。课后托管时间，教师会精选播放适合学生观看的电影，让学生在接受文化熏陶的同时放松身心、缓解压力。

多元互动，宣传学校特色。超银学校坚持做有温度的宣传、真实可见的宣传、紧跟时效的宣传，用动态视频的形式展示震撼、有特色的场面及温暖、感人的场景，让师生、家长、社会各界感受到超银人的用心，让受众能实现"代入感"。在德育活动、日常教学和管理过程中，我们细心观察，捕捉打动人心的"瞬间"，或是展现超银学生积极向上的精神面貌，或是展现超银老师感人的平凡举动，或是课堂上的高能互动，通过有效的宣传形式讲述"超银故事"，让"金牌门童"的服务理念深入人心。

质量是超银学校生存与发展的命脉。超银学校始终秉承"质量立校、育人为本"的理念，将"金牌门童"的服务理念作为一种信仰，持续做好家校联动工作，为学生提供一方铺就美好未来的乐土。

陪伴是最长情的告白

青岛西海岸新区超银学校德育处副主任 曹晓晴

初中三年，我和学生同吃同住、朝夕相伴。我用爱与智慧陪伴他们一路前行，收获了学生对我的信任与依赖，也收获了家长的认可和满意。

一、智慧育人，定制班级特色管理

只有充分调动起学生的积极性、自主性，班主任才有更多时间抓学习、抓生活。为了更好地激发出学生的自主性，我在班级中实行了"自治管理模式"。根据学生情况，我把全班分成了势均力敌的红队和蓝队，又将各队分成五个小组，组内学生互相合作、互相帮助，队长、组长各司其职，形成了人与人、组与组、队与队之间的竞争势头，学生的积极性被充分调动起来。

在班级管理中，我重视对班干部的培养，充分发挥学生的自治能力，针对不同时期学生思想的变化采取相应对策，重视不同层次学生的思想转化。我尤其关注学困生，通过与他们促膝谈心，解决他们生活上、思想上的实际困难，让这些学生逐渐爱上学习，不断向优秀迈进。平日里，我经常与各科教师、家长沟通，使各方对学生的教育目标趋于同步，多管齐下，分层推进。

二、爱生如子，不放弃每一个学生

班里王同学的爸爸常年在外地工作，妈妈因为身体原因无法照顾他，王同学一直由老人照料，但是随着学生进入青春期，老人在教育上深感力不从心。为了让王同学有更好的学习环境，我帮他购买了学习用品，打印了学习资料，在他生病时给予悉心照顾……

疫情期间，学生居家学习，我发现上网课时，王同学总不在线。正值初三冲刺时期，看不到王同学，我很着急，于是我每天给他打五六个电话，但并不见效。寒冷冬日里的一天，我一大早从市区的家中出发，辗转两个多小时来到西海岸新区王同学的家里。家中老人见到我激动得热泪盈眶，不停地念叨："曹老师，我老了，不中用了，就能给孩子做顿饭吃，多亏你帮着管孩子……"这些话让我五味杂陈，坚定了我帮助王同学的决心。家访后，王同学的学习状态有了很大的进步，我趁热打铁，把情况反馈给了他的父亲，反复做工作，希望家长不要缺席学生成长中的关键时刻。多次劝说之下，王同学的父亲终于请假从北京回来陪伴孩子备战中考。家校齐心合力，最终王同学跨入了理想高中的大门。

三、暖心相伴，书信拉近师生距离

我深知学生成长过程中需要支持与鼓励，中考前最后一个月，我邀请每位家长给自己的孩子写一封信，并在周一的班会上替他们一一转达。我也写下一封长信，回忆了三年来与学生相处的点滴，细数大家在初中时光里的成长。班会上我把信一字一句地读给学生听，大家十分动容。所有的努力都不会被辜负，在我们共同的努力下，我们班的学生在中考中取得了优异的成绩。

新的学年，我又接手了新班，为了和学生、家长尽早熟悉，暑假里我就积极地与家长进行沟通，了解每个学生的个性特点和学习情况。我还给每个学生写了一封信，这个浩大的工程历时半个月。当这份特别的"礼物"在新学年第一天出现在每个学生的课桌上时，他们惊喜又感动，纷纷给我回信，表达自己的感谢和对未来的决心。

四、爱心祝福，"礼物"搭建师生桥梁

疫情原因，我和学生很久未见，很是想念他们。迎来复学之时，我决定在开学那天送给每个学生一份独一无二的"礼物"，让他们信心满满地开启

新的学期。绞尽脑汁想了好久，我想到一个主意，给每人定制一瓶可乐，借着可乐美好的寓意将我的美好祝愿送给大家。有了想法后，我开始着手准备。每个学生的性格特点、学习状态各不相同，根据学生的实际情况，我给每个人写下一句专属祝福，并定制了属于他们自己的可乐。"越努力，越幸运""拼搏成就辉煌""仰望星空，脚踏实地"……写满了我对大家的祝福和鼓励。

"先有爱再有教育"是我一直秉持的教育理念。还有什么比爱更能滋养学生的心灵，还有什么比爱更能浇灌幸福的明天？用爱滋养、用心灌溉，我将自己的一腔热情播撒在教育这片沃土上，陪伴着学生一起茁壮成长，用一个又一个三年的时光陪伴着学生驶向成功的彼岸。

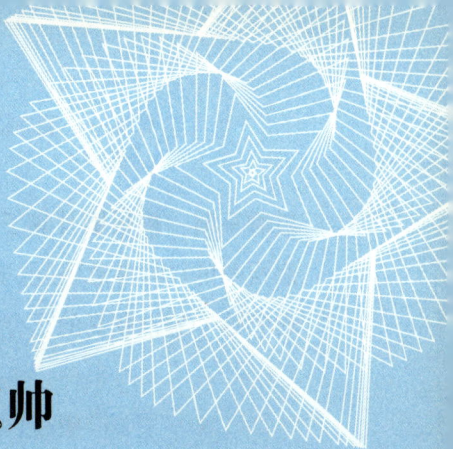

这个"韩妈"有点帅

青岛超银高中英语教师 韩林

我是一个"90后"大男孩，也是超银高中年龄最小的年级组长。但我从不认为年轻是我的"软肋"，某种意义上，这反而是我成长进步的资本。回想大学毕业时，我之所以选择教师这份职业，就是因为想"stay foolish, stay young"（保持童真，永远年轻）。我身上有着"90后"的蓬勃朝气、澎湃热情，但同时我又因为像妈妈一样"爱唠叨"，想给予他们母亲般的陪伴，被学生称为"韩妈"。

一、陪伴是最长情的告白

我对学生的陪伴从早到晚。每一个课间我都会出现在教室里，默默地站在一边，时不时还会走到学生中间跟学生闲聊心事；体育课上，我会经常跟学生一起打打篮球、乒乓球；晚上的男生宿舍里经常能听到我与学生的笑语……高三这一年，每周五放学后，很多学生自愿留在教室里学到很晚再回家，我就选择陪着他们。高考前几周，我还点外卖犒劳一下他们：炸鸡、汉堡、薯条、奶茶……高中的最后一次艺术节，我也主动请缨领唱，与班里同学一起参加合唱比赛，从表演服装到音乐课的彩排，我都跟他们一起；高考前我为每个学生买了高考"锦鲤"礼包，助力他们旗开得胜。

这些陪伴换来的是"双向奔赴的甜"。我记得，在我生日那一天，当我走进教室时，黑板上写满了生日祝福，讲桌上放着一个大大的生日蛋糕和一本写满祝福的"同学录"，电视屏幕上放着生日祝福视频，学生齐声唱着生日歌……看到这一幕，我真的是有些哽咽。毫无疑问，这是我最难忘的一个生日。

二、"题霸"征服每个学生

我有个很特别的习惯，就是每天晚上睡觉前躺在床上，先要在脑中过一遍明天课堂上的内容，像过电影一样想想怎么突出重点，师生如何互动，哪里加一个小段子……有些临时的好想法我会随手拿起手机记录在备忘录里。因为我深知，教师要想赢得学生的心，先要在专业知识上"碾压式"地成为他们的崇拜对象。上好每一堂课，批好每一份作业尤为重要。我批作业的速度，学生用"可怕"来形容：前一天的课后作业第二天一早就能反馈，当堂作业当天就会反馈，哪怕是考试，我都能做到考完当天就批完……我欣慰地发现，他们明白"可怕速度"的背后是我的辛苦付出，这也让每一个学生都不忍心糊弄我布置的作业。

相处久了，学生送我一个绰号——"题霸"，就是不管何时何地学生来问多么难的题，我几乎都能做到"秒答"。这让学生崇拜不已，也都愿意"刁难"一下我。俗话说，要想给别人一杯水，自己就应有一桶水。"题霸"的绰号正是我对教学不断钻研付出换来的。

三、笔墨馨香，书信传情

在这个信息高速发展的社会里，我还有特殊的传递师生情感的媒介——信。这种古老的方式可以让写信人真正静下心来沉淀，将情感更加真实地表达出来。

每学期，我都会与学生进行书信交流，学生的信件我都会抽时间一一回复，很多学生的心事和烦恼也在字里行间得到了解决。每一次家长会前，我会让学生给家长写一封信。我用信封包好，在家长会上发给家长，并鼓励家长给自己的孩子回信。高二接近尾声的时候，我布置了一个特别的书信作业：让同学们给一年后高三的自己写一封信，之后我将大家的信件收齐，并把每一封信用信封装好。在高考前100天这个特殊的日子，我把当年的信发到了学生手中。这个时候，很多学生都忘记了自己一年前写过这么一封信。打开后，有的学生笑着调侃自己当年的"稚嫩"，有的学生将信贴到了笔记本里，有的学生看完后热泪盈眶……这份来自过去的自己的礼物，让不少学生在高考前感受到了不一样的力量和振奋。这是书信给予他们的浪漫，不论它描述的是悲伤还是欢乐，都是电子信息无法给予的。

　　作为一名教师，我希望从校园走出去的学生都能茁壮成长，长成一棵棵参天大树，成为无愧于自己、无愧于青春，为国家、为社会做出贡献的有用之才。而同时，新的轮回里我又迎来了我的新一批学生。"师生手拉手，一个也不丢"是超银高中的办学理念，我会紧紧拉着每个人的手，不放弃任何一个学生，也不放弃任何一次教育的机会，因为我相信，每一个学生都可以闪闪发光。

对每一个学生的未来负责

青岛超银高中数学教师 张恒

2017 年夏天，我光荣地成为超银高中首届教师队伍中的一员，开启了无数个第一次的模式。三年之后的夏天，超银高中首届学生毕业了，我依然驻守在原地，继续着我的教育事业……

一、教育无小事，事事皆育人

高一是班级建设的关键一年，也是学生打好基础的重要一年。新生刚入校，班级进行初步建设时往往会碰到"钉子户"，马同学便是其中一个。他是一个非常有个性的学生，上课不愿遵守纪律，下课拒绝提交作业，有时还顶撞老师。一开始，我采取"贴身紧盯"策略，一旦发现有问题马上指出。时间一长，马同学的行为有些进步，但主动性不强，思想也没有彻底改变。了解到马同学非常喜欢体育运动，在学校运动会开始之前，我给他布置了一项任务，让他担任组长并组建班里的男子 4×100 米接力小组。至今我都记得当时谈到这个话题时，马同学眼中骤然闪现的光芒。

运动会那天，当马同学第一个冲过终点线时，师生间的隔阂烟消云散，留下的是对彼此的信任。打铁需趁热，我及时调整策略，对马同学提出了更高、更具体的要求。慢慢地，马同学的学习主动性增强了，学习状态逐渐好转，各科成绩都稳步提升。三年后他如愿考入期盼已久的长安大学，并且一举成为这所 211 重点高校在山东省录取的最高分考生。高考录取结果出来后,他带着录取通知书回到母校对我说:"张老师,这三年真的谢谢您,没您真没今天的我!"告别前的一个深深的鞠躬,让一直望着他离去的我泪流满面。

二、遵循教育规律,做好真教育

日常工作中,我习惯一直随身携带两个重要本子,一个是"班级的目标",一个是"班级的日常"。本子的每一页纸上都写着一个大大的字——"爱"。

翻开"班级的目标",里面记录着班级取得的一次次成绩、整体成绩分析以及每个学生的成绩分析。成绩分析的下方则详细记录着下一阶段的目标和措施。日常工作之余,我会结合具体学情为每个学生量身定制详细的生涯规划,谁适合考文化课,谁适合考体育,谁适合考播音主持,谁适合考美术;谁哪科薄弱,谁哪科是强项;谁哪一科哪样学才会有更好的效果……这些都标注得清清楚楚。我常常叮嘱自己:让每一个学生成长成才是我的责任,我要对他们负责。

"班级的日常"则密密麻麻地记录着我和学生谈话的结果及分析,卫生、纪律、宿舍、"周周清"的结果以及每天各科老师的作业反馈等日常琐事。在教育教学中,我始终秉承着超银高中"做真教育,做实教育"的理念,我始终记得我们校长说的那句话:"将每一件教育中的小事都能实事求是地落到实处,这就是真教育。"

我们班的于同学很喜欢画画,美术很棒,她学习非常认真,但成绩并不理想,临近高一下学期的学业水平考试中,她成了物理学科的过关困难户。于是,我和物理老师一有时间就轮番上阵帮她补习,她的自信心一下子提了上来,成绩也一天天提升。高二上学期的学业水平考试后,我问于同学考得如何,她很自信地告诉我:"所有学科一次性全部过关,包括物理!"2020年高考,于同学的成绩达到了美术专业的本科线,她考上了期盼的大学。升入大学的她会时常给我发来消息分享她的成长:"张老师,我现在担任班长……""张老师,我拿到了学校的奖学金……"看到微信里的留言,我感到很幸福,同时我也深刻感受到超银高中提出的"师生手牵手,一个也不丢"

所蕴含的巨大教育力。

三、克服疫情挑战，自信迎战高考

突如其来的新冠疫情给参加2020年高考的师生带来了巨大的冲击和挑战，帮助学生稳住心态、树立高考信心是那时我们每天工作中的重要一环。为了给同学们树立必胜的信心，我在班里开展"向抗疫英雄学习，勇夺高考胜利"主题班会，把"没有一个冬天不会过去，没有一个春天不会来临"的信念根植于每个学生心中。

学生自信心的维持需要持续的正面肯定和心理暗示，在每天和学生谈话交流的时候，我特别注意这一点。李同学是个心理比较脆弱的学生，原本成绩不错的她在二模统考中成绩不理想，急得流下了眼泪。我与她一起梳理考试得失，充分肯定了她的优势，让她明白自己距离期望的目标只有一步之遥。李同学的脸上慢慢露出笑容，她对我说："和老师的谈话让我深刻感受到学校和老师是我强大的后盾，高考的路上，我不是在孤军奋战。"后来，李同学如愿以偿被自己心仪的大学录取。

在我和同学们的共同努力下，我所带的超银高中第一届的这个班级被评为"青岛市先进班集体"，并在三年后的高考中取得了优异的成绩。三年一轮回，蜕变的是学生，不变的是初心。在新的轮回中，我将继续用满满的爱与智慧，书写新的教育篇章。

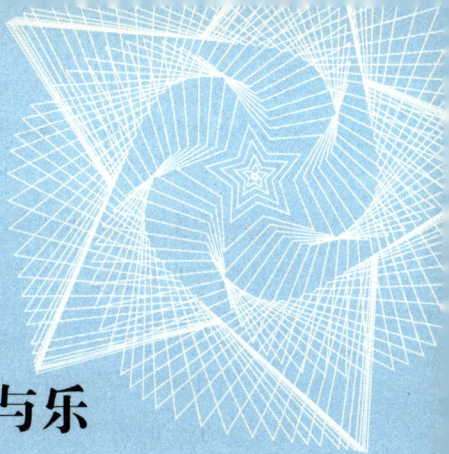

一名普通教师的苦与乐

我是超银中学一名普普通通的教师。虽然从教近20年,担任班主任10余年,但我仍然是一名普普通通的教师;虽然多次被评为"优秀班主任",送走了数届毕业班,但我仍然是一名普普通通的教师;虽然这些年我一直奋斗在教育教学第一线,为每个学生规划未来,为每个灵魂注入爱和知识,但我仍然是一名普普通通的教师。虽然我的工作是如此普通,但它带给了我太多永不磨灭的记忆,让我从中体会着做一名教师的苦与乐。

一、紧闭的心门,用爱融化

在我的从教生涯中,有这样一位学生小王,初一的时候他学习很优秀,数学成绩特别好,由于家庭的变故,初二时他逐渐自我放弃,将精力投入到游戏中。开始的时候他还能坚持上学,坚持完成作业,后来逐渐找各种理由请假、旷课。每天家长都需要好言苦劝才能把他从床上叫起来,送到学校的时候,其他同学都已经上完两节课了。再后来就是整周、整月地请假,他整个人无精打采,成绩一落千丈。作为老师,我看在眼里,急在心里。

我主动联系了小王的家长,准备做一次深入的家访。小王一直和妈妈、姥姥生活,迷恋上手机游戏后,他每天的作息时间颠倒,白天睡到11点,起床就玩手机,下午还要睡个午觉,傍晚起床,再开始玩手机,一直玩到凌晨三四点。

我第一次去家访的时候是下午，小王正在睡午觉。见老师来家访，他勉强起了床，但是精神非常萎靡，坐在那里一句话也不说。我想尽一切办法希望能和他交流，结果一无所获。

我并没有知难而退，而是进行了第二次家访。这一次的家访时间，我选在晚上。小王的精神状态还不错，但他仍然一言不发。我尝试着换一个角度，便和他讨论起他玩的游戏。我让他帮我下载一个相同的游戏，让他教我玩，希望这能成为走进他心里的一条小径。对于我这样一个初学者，小王并没有什么耐心，我就自己摸索熟悉这个游戏。我一边摸索，一边通过网络和小王聊天，慢慢地我们成了"网友"。每天下班回到家，我就按照小王的作息时间，半夜上线和他聊天，和他一起玩游戏。就这样，我俩之间的话多了起来，那条脆弱、纤细的感情线终于接通了。

后来，小王虽不到校上学，但同意我到其家里给他补课。看到他终于能够再次拿起课本，终于能够一天三餐作息回归正点，我发自内心地高兴。我开始利用下午空闲的时间到小王家为他补课，从最基础的知识开始，并专门为他整理了教材和习题，小王的成绩渐渐有了起色。辅导之余，我时常和他谈心。与网上的交流相比，这样面对面的交流有一定的困难，但我并未放弃。我给他讲班级的事情、讲我从前的事，还把他的好友一起带到他家和他聊天。言谈中我不断向他渗透少年应该树立个人的理想，即便在不如意的环境中也要学会忍耐、克服和适应。

这样单独的辅导一直持续着，我从不表现出丁点儿的着急，我相信我所做的一切他都能感受到——他的老师，任教两个班的数学老师，一个别人母亲的儿子，一个别人孩子的父亲，长期地为他一个人这样付出。终于有一天，小王鼓起了勇气，他跟我说："老师，从明天开始，我要回学校去上学，我会一直坚持到学校上学。落下的，我都会补回来，我知道自己应该如何做了。"听到这句话的那一刻，我觉得所有的辛苦都值了。

二、艰难的考验，无悔的抉择

2018 年，我所任教的班级正面临着中考的最后冲刺，而父亲的病情也变得严重起来，医生告诉我，病情随时都有可能恶化。一边是我亲爱的学生，一边是养育了我 36 年的父亲，两边都是我最爱的人，哪边我都放不下，哪边我也不会选择放手。面对这次我生命里异常艰难的考验，我在学校里完成必需的教学工作，放学后根据学情和个别学生谈心交流，安顿好学生后，再驱车赶赴医院，尽一个儿子的职责。晚上我在医院的走廊里批改学生的作业、备课、打电话与家长交流。第二天一早再依依不舍地离开父亲，直接奔赴学校，在学校的水龙头旁洗洗脸、刷刷牙，继续开始新一天的紧张工作。整整一个学期，每一天我都是这样度过的。

父亲一直告诉我："要懂得感恩，要看自己付出了多少，而不是看自己得到了多少。"父亲要求我不能因为他的病情而耽误了学校里的工作，没有特殊情况不要请假。我谨记父亲的教诲，没请过一次假。我很感恩，我的学生在学校里很听话，我的同事都很照顾我，我们大家都在全力以赴地坚持和付出，默默地为了自己的目标而不懈努力。最终在那一年的中考中，我们班以令人瞩目的优异成绩为初中三年画上了一个圆满的句号。

作为一名教师，我热爱这份教育事业，热爱我的学生。这么多年来，我一直保持着与学生一对一交流的习惯，经常会与学生讲讲"悄悄话"；为了能够取得家长对学校工作的支持，我利用寒暑假休息的时间，对班里的学生进行了长期且有效的家访，几乎跑遍了整个青岛市；在学生前进的路上，我一直与他们并肩同行，中考前最后一天离校时，我把自己精心挑选的"必胜手环"亲自为学生一一戴上、扣紧，用这样的一种仪式送他们自信地走上考场。而令我感到莫大幸福的是，我的付出是值得的，我收获了学生的信任、家长的满意，我所带的班级家校合力效果显著，而我也把一批批学生送入了更高的、更优质的学府，为他们接下来的人生之路注入了前进的力量。在陪伴他们的这一程里，我全力以赴，甘之如饴，无怨无悔。

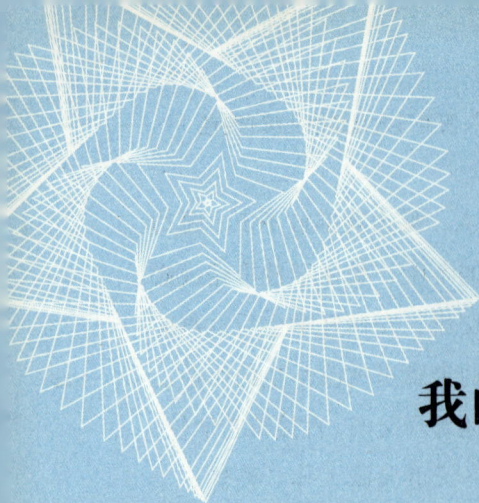

我的超银，我的家

青岛超银中学（镇江路校区）英语教师 张凤仙

20 余载风雨兼程，20 余载岁月峥嵘，超银学校从无到有到辉煌，所到之处都少不了拓荒者的身影，我就是其中之一。1999 年大学本科毕业后，我就进入超银职业高中任教，成为最早的一批超银人，见证了老超银人在拓荒年代的艰难。

一、青春启航，拓荒孺子牛

记得当时最早的校址是明霞路 11 号，这个超银学校的起源地地址伴随了我的身份证整整 17 年，为我的人生历程深深地烙刻上了超银的印迹。创业难，最初在超银职高的两年，我见证了老一辈超银人在拓荒年代的艰难困苦。人手不够，一人身兼数职，角色随时切换。当时我不仅担任班主任，还是两个班级的英语教师并兼任学校团委工作，在物质条件相对匮乏的超银创业初期，走出了我在超银的第一步。

2001 年，超银中学成立，我来到超银中学的发源地广饶路校区任教，成为超银中学首批教职工中的一员，继续履行着班主任、英语老师、团委管理的工作职能，也步入了超银中学的发展旅程。

2006 年，超银中学的第二个校区在原四方区成立了，新学校、新征程，又是一片百废待兴的热土，我匆匆结束尚未休完的产假，毅然返校，再一次投入到轰轰烈烈的拓荒工作中。

回首在超银的20余年，我始终秉承"甘为孺子牛、争当拓荒牛、愿做老黄牛"的教育理念，勤勤恳恳、任劳任怨、默默奉献，和所有优秀的超银员工一样，我也逐渐成长为一个拼命忘我、永不言败、敢于争先、勇于探索的超银人。

二、学传帮带，赓续薪火

在超银中学（镇江路校区），我连续九年担任初三年级英语组教研组长，学传帮带，赓续薪火。我所带的集备组研讨氛围浓厚，能够做到深入研究课标、研究学生、分析学情，让集备落到实处。作为教研组长，我积极组织开展听评课活动，注重及时与青年教师沟通交流，分享观点，互帮互助，总结课堂教学得与失，出谋划策，积极调动大家的工作积极性和热情。在日常工作中，我喜欢去发现、发掘每位老师身上的闪光点，深挖潜力，促进课堂教学水平的整体提升。我积极组织并参与各种英语教研工作，通过这些教研活动的反复锤炼，刚刚进入超银中学的青年教师能够迅速成长，在很短的时间内跟上并适应超银节奏，融入超银文化，迅速成长为教学业务骨干。

2018年由于办学场地的变化，超银中学（镇江路校区）的初一新生要在超银中学（金沙路校区）先过渡一年，我又承担起新的任务。当时新成立的初一英语教研组一共有九位成员，其中有不少年轻教师。作为老教师，在新的挑战、新的环境面前，我没有退缩、畏惧，勇敢地担负起了传帮带的责任。在做好示范带头作用的同时，我积极发扬、传承超银中学优良的集备传统，向青年教师传输积极向上的超银文化，成功地让年轻的2018级英语教研组成为一个领导放心、家长满意、学生喜欢的教师群体。

在我担任英语教研组长的这些年中，组内走出了一大批优秀的青年骨干教师，其中很多人都成了各年级的集备组长、教研组长，成了学校英语教学的中流砥柱。

三、以心换心，双向奔赴

辛勤劳动换回的是学生的高度认可。班里有一个叫小玥的女孩，她是我的英语课代表，性格内向羞涩，说句话都会脸红。其实要完成课代表工作，泼辣大胆、雷厉风行的学生更加适合，但是性格使然，她开展工作时总是羞答答的，有时候完成得并不好。我理解这个敏感而又脆弱的学生的心理，人的性格各有特点，无须改变，也很难改变。于是，我就手把手地教她如何开展工作，怎么跟同学交流，虽然小玥没有变得泼辣，但是慢慢地，对英语的热爱、对老师的信任、对工作的认真态度都闪现在她的眼中。有一次考试，小玥的成绩出现了比较大的滑坡，我第一时间来到她身边，帮助她分析原因，加油打气，给她鼓励。她的眼圈立刻就红了，我知道这几句话温暖了她忐忑不安的心，她感受到了我对她的关注和爱护，于是学习更加起劲儿，面对挫折有了更大的勇气，最后她成功考上了自己心仪的高中。三年来，我收到了她大大小小数不过来的小纸条、小卡片，上面写满了祝福与感谢。每次读到这些饱含感情的文字，我的心里都是满满的感动，做老师的自豪感与满足感油然而生。

路漫漫其修远兮，吾将上下而求索。20多年来，我伴随着超银共同成长，见证了超银从一棵小树苗长成一棵参天大树，我也看着一批批快速成长起来的青年才俊成为教学中坚力量，看着一批又一批洋溢着青春活力的学生进入超银后又奔向新的征程，就像是看着自己的孩子一样，一点一点，一步一步，从蹒跚学步，到翩翩少年，我满心欢喜。我想说，我的超银，我的家。你若不离，我便不弃。

做学生和家长的"心灵导师"

青岛超银中学(镇江路校区)语文教师 韩冬

初中阶段是学生身心成长的重要时期,也是亲子矛盾频发的阶段。教师应细心捕捉学生和家长的困惑,用自己的经验、专业知识,做学生和家长心灵成长的提灯人。

一、用包容和欣赏,为学生内心注入阳光

初中阶段的学生总是与"叛逆"二字捆绑在一起,但我认为,"叛逆"并不是贬义词,它是学生成长阶段中的表现。

我是一名教师,也是一个青春期少年的妈妈,双重身份让我对这个年龄段学生的心理把握得更精准一些。对于这个年龄段学生的教育,我信奉"急学生所急,想学生所想"。良言一句三冬暖,恶语伤人六月寒。在和学生单独交流的时候,我最常做的是拍拍他们的肩,给他们真诚信任的目光,帮他们想想解决问题的办法,或者用我的经历、用我对人生的领悟来启发学生。当学生在我眼里看到的是关切柔和而非批评指责的目光,学生会感觉到温暖、感动,并在心里暗下决心,不辜负我的良苦用心。这样和风细雨、润物无声的教育看似微小,却能真正走进学生的内心,为他们注入明媚的阳光,收获心灵的成长。

我经常告诉自己,我希望自己的孩子有什么样的老师、什么样的班主任,

我就该做什么样的老师和班主任。我会用欣赏的眼光去看待每一个学生，用发现的眼睛点燃学生心中的星星之火。我班的卢同学报志愿时执意报考最顶尖的高中，但他学习不够专心，沉迷电子产品。家长想让我做卢同学的思想工作，让他报考适合他的学校。我理解家长的顾虑，思虑再三，我选择站在卢同学这边。我清楚卢同学的学习水平、综合能力，加上各科老师对他的关注和指导，我相信他有实力去"搏"一把。说真心话，要帮助学生和家长做最后的决定，真的需要承担一定的风险，如有万一，会给卢同学留下终生的遗憾。我首先找到了卢同学，和他分析了优势和不足，也分析了以他目前的状态参加中考圆梦的胜算有多大；又指出他当前学习中存在的问题，并指导他如何解决问题达到目标。最终，我和卢同学一致决定，为了心目中的高中"搏"一把！然后我联系了卢同学的家长，告诉他们一定相信孩子，做好后勤保障，有问题及时沟通。就这样我和各科老师以及家长共同协助卢同学备战中考，最终他成功圆梦。这是欣赏和相信的力量，相信每一个学生都愿意向上生长，相信每一朵花都有自己的花期！

二、用理解和体谅，给家长内心注入改变的力量

青春期的学生敏感、烦躁，绝大多数学生情绪宣泄的对象是自己的父母。班主任是学生和家长之间沟通的桥梁。家长会是我协调我班家庭亲子关系的重要阵地。

初二是学生叛逆相对严重的一年，所以初二时的家长会主题一般是"三方齐心，继往开来"。我是主导，会议的组织、主持都由学生负责。我会邀请家长代表和学生代表发言。当家长代表向自己的孩子吐露心声的时候，家长的声音是哽咽的，学生的眼中闪烁着泪光；当学生代表动情述说着对父母的感恩之情及自己平常的不懂事时，台下家长泪流满面。相信这样的瞬间，会让家长理解体谅许多，会让学生成熟懂事许多。家长会上，除了给学生颁奖，我还会给家长代表颁奖，感谢他们对学生的付出……这样的家长会，不仅加强了家校沟通，增强了班级凝聚力，更让在场的家长、学生、老师都收获了一份温暖。

在和家长交流中，我经常遇到大倒苦水的父母。在家长吐槽的背后，我

感受到的是家长的无助、迷茫。实际上，在陪同孩子成长的过程中，家长是在摸着石头过河，在学习如何做个好家长。这时候，他们真的很需要有一个懂得彼此的人，牵着他们的手，领他们走出迷雾，找到出路。而最合适的这个人，就是老师。因为这是真正关心他们的孩子，又能保持冷静、客观、公正视角的人。

所以这时候，我总是会以战友的身份和家长站在一起，尽心尽力地帮助他们解决问题。我经常告诉家长："孩子不是我们的敌人，他是我们团队中冲在最前面的那一个，他最辛苦。家长应该做的，是理解他、支持他、鼓舞他、帮助他，以战友的姿态和孩子站在一起，给予孩子无限信任，真诚鼓励孩子。我们要让孩子体会到家长是孩子强有力的后盾，让孩子有底气、有勇气、有干劲、有闯劲。"我会引导家长尝试接受孩子的现状，润物细无声地改变孩子，相信并期待孩子一定会长成一个懂事、善解人意的人。家长改变了，孩子一定会改变，会越来越好。

作为老师，我有义务为有困惑的学生和家长指点迷津，做好学生和家长的"心灵导师"。当学生理解了老师和家长的良苦用心，家长学到了正确的教育方法，学生的学习热情会被点燃，家校关系、亲子关系会更融洽、和谐。

用智慧和勇气助学生圆梦

青岛超银中学（金沙路校区）语文教师 王超

多年前，我去了一趟曲阜，站在"万世师表"的巨大牌匾下，我心潮起伏。泱泱几千年文明代代传承靠的是为师者的学高身正，我要做最用心的老师，引导学生塑造健康全面的人格。

一、陪伴学生度过成长关键期

初中的学习生活充实又忙碌，怎样让学生既能考上理想的高中，又能全面发展，接触到更多的领域，学习到课本里没有的知识呢？我琢磨出了一套方法。每天的午饭时间是我和学生最"享受"的时刻。有时候我会播放国家爱乐乐团的交响乐，让学生放松心情，陶冶情操；有时候我会为学生精心准备一些与学科学习相关的短片。

我一直十分关注每个学生的饮食情况，还带学生进行体育锻炼。家长看重的不是成绩，而是孩子的全面成长。教师的目标也是把每个学生培养成德、智、体、美、劳全面发展的人。令我颇有成就感的一件事是，那一年学生初三毕业时，我们班只有三个男生的身高没有达到 1 米 8。

二、爱情很美好，孩子可以懂

我们班也有学生有过早恋的苗头，面对家长的焦虑求助，我跟那个学生说了这样的一段话:"爱情很美好。如果爱情是洪水猛兽的话,教育部就不会在你们这个年龄把《诗经》中最美的两篇描写爱情的文章《蒹葭》和《关雎》放到我们的课文中来。这说明,你们已经可以并且应该懂得爱情的美好。可是这两首诗里有'溯洄从之,道阻且长'的表述,这说明在追求爱情的过程中,很多时候是可望而不可即的,是美丽又忧伤的。何时美丽? 在正确的时间做正确的事;何时忧伤? 在错误的时间做错误的事。"

那次谈话后,那个学生彻底改变了,不再自责迷茫,学习的态度更加积极,还主动给学习上有困难的同学补课。最后,他以优异的成绩考入了二中。学生的妈妈说要"跪谢"师恩,我觉得自己并没做什么,只是给了学生充分的尊重与耐心,帮助他走出青春的困境,然后静待花开。

三、你们是最勇敢的逆行者,我来当最勇敢的老师

教师是满怀激情的理论家,更应该是勇于奉献的实践者。2020年疫情期间,我所带的初三毕业班里有个学生无人照顾,他的母亲是医生,父亲是警察,夫妻双双奋战在抗疫最前线。学生妈妈担心的是孩子的学习,可我担心的是孩子的生活,是她的一日三餐,是小女孩能不能独自待在没有家人只有电脑的家中。面对未知的病毒,那时我也害怕,可是对学生的牵肠挂肚战胜了这份恐惧。我主动联系她的家长,说:"你们是最勇敢的逆行者,我也要当最勇敢的老师。你们放心抗疫,孩子交给我。"我主动提出把学生接到自己家中。家长知道我家里还有老人,不忍麻烦我。考虑到家长最担心的是孩子自律性不足,在初三最关键的时刻因无人督促而影响学习成绩,我每天中午和下午给学生打个电话。电话里,我跟她谈学习,给她讲笑话,跟她谈理想……慢慢地,她的学习积极性越来越高,性格也变得更加开朗,每次电话里都能听到她爽朗的声音,孩子的表现让家长彻底放下心来。最后,她顺利考入了理想的高中。

四、我就爱"笨小孩"

初三那年教师节我收到一个精致的小纸袋,里面是手工的牛轧糖,还有一张纸条:"王老师,我自己做的,不好看,但我知道如果有人不嫌弃我,那就是您。"看着那并不怎么好看但很认真的字,一个大眼睛女孩的脸庞立刻浮现在

我眼前。那是一个基础薄弱的学生,成绩的落后让她压力有些大,她不敢回答问题,甚至都不敢和老师对视。但我发现她从来不偷懒,作业认真,早读专注,可是哪怕背过了,提笔就会写错字,甚至拼音都会错。有次体育课跟班,我听到有同学说她"笨",那时她的无助与沮丧深深地烙在我的心里。哪怕我无法在短时间内提升她的成绩,我也要让她对未来充满信心。

有一次她的听写表现不错,我借机在全班说:"我就爱'笨小孩'。因为她知道自己有差距就努力飞,挥动翅膀比别人更认真,就有资格去看更广阔的世界。"那一次,我看到了女孩和我对视时那闪着光的眼睛。一模测试,她的作文得到了很不错的分数,开篇就是"我是一个笨小孩,我想过放弃,可是我的班主任从来没有嫌弃过我。那天,您站在全班面前表扬我,在同学们面前为我建立自信的样子太美了,原来我也有人撑腰。"我想,当时的阅卷老师同千千万万爱学生的老师一样,感受到了一个孩子的无助与成长,感受到了她艰难跋涉的可贵,所以给了她高分。

女孩的妈妈说,孩子在家提到我时常常流着眼泪,说着感激我的话。女孩妈妈还说,感谢我呵护了孩子内心的真实与美好。女孩努力考上了高中,没有辜负自己的青春,可以去看更广阔的世界。

身为教师,我不会放弃任何一个学生,哪怕她觉得自己是个"笨小孩"。每一朵花都开才是"静待花开"的意义。我会用坚守沉淀精神的沃土,播种知识的种子,让学生的梦想开花。极致的深情,无悔的抉择,这就是我,一名老师的内心独白。

第五章
党建是超银加速发展的引擎

　　超银学校贯彻落实党的教育方针，以党建引领教育教学，培养了一批勇于担当、甘于奉献的教师队伍。许多党员教师的优秀事迹多次被媒体报道，深受学生、家长及社会的认可。学校的"党旗映'春蚕'，'1+3+3'党建模式"项目被评为"全国民办学校首批党建特色项目"。作为学生的引路人，超银学校的党员教师以身作则、率先垂范，用自己的光和热点亮生命，让每一个学生都绽放光彩。

品牌"亮起来"，党建"活起来"

青岛超银教育集团党委书记、青岛超银学校校长 潘晓莉

超银学校建校 20 多年来，始终坚持社会主义办学方向，强化党建引领。随着党员队伍的不断扩大，2019 年初，中共青岛超银教育集团党总支正式成立，后升级为超银教育集团党委，并在各校区设立党支部，开创了集团化办学党建工作的新模式。2019 年，学校当选全国民办学校党建特色项目建设基地。

一、创建一个特色党建品牌

超银教育集团党建工作，以理想信念培树和立德育人教学为宗旨，以围绕中心抓党建与抓好党建促发展为目标，结合习近平总书记对教师提出的"政治要强，情怀要深，思维要新，视野要广，自律要严，人格要正"的要求，以"党旗映'春蚕'"特色品牌为平台，实施"1+3+3"党建模式，即创建一个特色党建品牌、构建"党建+"三大体系、实施"三个促进"系列党建行动，做细做实做强党建"两个覆盖"，不断提高超银教育的凝聚力、满意度和竞争力。

超银学校将党建工作与业务工作相结合，构建特色党建品牌——党旗映"春蚕"。"春蚕"寓指教师，是对广大教师无比崇尚的称谓。党建工作的开展，特别是党性培养教育，让"一名党员即一面旗帜"，引领超银老师像春蚕一样"吐尽心中万缕丝，奉献学生无限爱"。

二、构建"党建 +"三大体系

构建"党建与教学相融"体系，开展好"三项行动"。一是党员干部带头行动。党委及各校区党支部书记每周深入教学一线听评课，每学期听评课不少于 180 节。二是党员教师先锋行动。各支部设立党员先锋示范岗、党员教师引领班，时刻践行党员先进性。三是党建带团、队建行动。在各学段各学科课程中渗透党史学习教育，让党建贴近青少年，引导学生感党恩、听党话、跟党走。

构建"党建与社会大课堂相融"体系，结合好"两个维度"。一是时间维度：以重要节日、纪念日作为红色教育的载体，开展多样化的活动。超银学校曾先后组织小、初、高各学段学生为海军节录制 MV，党员、共青团员、少先队员代表七一诵读，各校区学生国庆节打卡岛城红色地标等活动，并得到人民网、环球网的转载。二是空间维度：以红色场馆为学习基地，开展爱国主义教育。超银学校带领党员、教师、学生走进青岛党支部旧址、青岛炮台山爱国教育基地、青岛一战博物馆等，开展专家讲座、参观学习、小记者采访等活动；与中国海军博物馆结成共建单位，邀请军事专家来校为学生讲解相关知识，假期组织学生走进海博担任志愿讲解员；带领入党积极分子前往重庆红岩干部党性教育基地松林坡现场教学点，深刻感受老一辈共产党员的奋斗精神。

构建"党建与德育教育相融"体系，打造好两个品牌。一是打造"学雷锋"品牌。超银学校作为青岛市首批学雷锋学校，让"学雷锋"成为立德树人的有力抓手。2011 年，当社会上出现老人跌倒没人敢扶的现象时，超银学校出台"撑腰体"新规——"超银学生路遇老人跌倒大胆去扶，如果被讹，学校替你打官司，如果败诉，学校帮你赔偿"，为学生见义勇为扫除顾虑。2012年，超银学校举办"追寻雷锋的足迹"大型报告会，邀请"双百英模"杨怀远、曾为雷锋拍下 224 张照片的张峻、雷锋生前最亲密的战友乔安山、雷锋班班长李桂臣等六位贵宾为全校师生做报告，并将他们聘为校外辅导员。时任中国关工委主任顾秀莲评价此次活动"开中学生学雷锋活动之先河"。此后，李桂臣班长又多次走进超银，参与学校的各项德育活动。多年来，学校坚持组织开展爱心义卖、微尘捐助等行动，向贫困地区、贫困家庭、社会福利院捐款捐物，与青岛本地及外地贫困学校开展结对帮扶活动。

二是打造"超银杯"品牌。超银学校利用自身品牌的影响力承担社会责任，在全市范围内组织书法大赛、读书竞赛、英语大赛、模拟商赛等一系列"超银杯"社会赛事，全市中小学生可免费参加，帮助青少年提升综合素养，树立远大理想，成长为合格的社会主义建设者和接班人。

三、实施"三个促进"系列党建行动

促进党员的存在感、荣誉感行动。超银学校开展"亮身份"行动，实施"党员挂牌上岗"制度，增强全体党员的党性观念；开展"树榜样"活动，开展超银教育集团"年度人物评选"，各校区自下而上推荐优秀党员教师和教职工，集团和党总支综合评定并表彰，把优秀党员培养成学科带头人；开展"做表率"行动，年度人物组成宣讲团，对超银老师的动人事迹进行宣讲；开展"发声音"行动，在《超银校报》中开党建专栏，将党员教师的优秀事迹、心得感悟进行刊载。

促进党员的快乐感、奉献感行动。超银学校推出一堂"励志课"，聘请名人、家长乃至学生本人走上讲台，通过演讲或互动等方式，把身边真实感人的故事传递开来；设立"党员活动区"，每个校区建立一处红色宣传阵地，作为党员教师的活动场地、政治理论学习心得交流场所；组织开展"双读书"（读好书、好读书）活动，各党支部每学期推荐优秀书籍，师生共读，培养师生爱读书的良好习惯；建立一个"补习堂"，超银小学坚持开设免费托管，超银中学以党员教师为骨干，义务为学生答疑释惑，给学困生补课。

促进党员的危机感、使命感行动。超银学校成立集团监察委员会，集团党委书记、副书记分别任监委会主任和副主任，实现党对民办教育的坚强领导和有效监督；制定集团党委党建考核办法，让党建工作基础扎实、特色突出；建立集团"内参"评估制度，每月将通过暗访、问卷调查和家长来信等方式获取的在教学和管理等方面的数据进行归类分析，及时发现和改进教学中的不足，使办学质量不断提升。

通过党建工作的扎实开展，超银学校形成了"学风正、校风浓"的口碑，营造了风清气正、积极向上的教育教学生态，学校构建了一支勇于拼搏、无私奉献的教师队伍，被媒体赞誉"超银的老师是超人"，超银学生良好的精神面貌和道德风尚也备受社会赞誉。

逐梦追"光",争做党员科创先锋

青岛超银学校科创研究中心主任 郁扬子

21世纪是一个激烈竞争的世纪,是一个飞速发展的世纪,这就要求我们今天培养的学生要具有竞争意识和创新能力,要求学生必须对事物具有求变的思维能力。科技活动无疑能为学生提供一个发展的广阔空间。超银学校以提高能力、展示成果、夯实基础、坚持发展为目标开展系列科技教育活动,致力于培养学生的科学精神、科学素质,让科技创新的种子扎根于素质教育的沃土之中,唤醒每个学生的科学潜能。

作为一名长期工作在青少年科技教学一线的党员教师,我以饱满的工作热情,激发了许许多多学生对科学的兴趣,培养了一批又一批具有创新精神及实践能力的优秀学生,有效地带动了学校科创活动的发展。

一、甘做科创之路的探路人

回想刚踏上科技辅导员岗位时,为了能够迅速熟悉各项活动的开展、竞赛规程、技能方法,更好地培养学生,让学生掌握足够的科技知识,回答好学生的问题,从家里到学校,从日出东隅到月上柳梢,我抓紧时间查阅资料、整理笔记、制作演示教具,虚心向老教师请教,与其他年轻教师交流。功夫不负有心人,短短的时间内,我的科技知识丰富了许多,科创工作做得越来越得心应手,指导青少年参与科技活动的能力也不断提升。由于一些科技知识比较专业且复杂，我会以幽默风趣的形式，用通俗易懂的方式教授给学生，带领学生实践、总结、再实践。每当看到学生收获前所未闻的科技知识后的兴奋表情时，每当在课下被学生追问一个个科技问题时，我总能体会到作为一名科技辅导员的快乐与骄傲，这也让我深深地爱上了这份平凡而又有意义的工作。在我的不懈努力与坚持下，学校里参与科技活动的学生从起初的五六人，到后来的几十人、上百人。十几年下来，学校在2021年参与各级各类科创竞赛活动的人数已达千人，并且有百余人次在青少年科技竞赛活动中获奖。在这种氛围的影响下，越来越多的学生爱上了科技活动，科技创新教育也因此成为超银的一张名片。

二、争做科学梦想的点亮人

做好青少年科技教育工作，不能局限于课堂、局限于学校，要让学生多参与，增加动脑和动手的体验，让学生自己发现原理与奥秘，使学生乐在其中、学在其中，充分发挥他们的主观能动性，提高他们自主学习的能力和意识。在平日和学生的接触中，我也发挥引导和评判作用，为学生提供更多的科技活动机会，和学生"打成一片"。除了传授知识外，我更注重对学生综合素质的培养。在活动中，我会以学生为主，引导他们自己进行规划分工、实践探究、总结反思等，我的角色是他们的"帮手"。用这样的方式，能够迅速提升学生的科学探索兴趣和团队精神。记得有一次在组织头脑奥林匹克竞赛活动时，需要多名学生合作分工完成一个8分钟的表演及制作出表演使用的道具。起初在筹备的过程中，有一名队员总是以自我为中心，理想化地提出许多不切合实际的观点，如果有人持反对意见，这名队员就会不高兴，闹情绪，要求退出。面对这样的情况，团队气氛遭到了破坏，其他学生也因此产生了退出的想法。于是，我让学生先别着急决定用谁的方案，不妨将该同学的想法和其他人的建议都实行一下，同时要求学生不要光喊口号，凡事动手实践。这样一来，一些太过理想化的建议不攻自破，哪种方法最有效自然见分晓了。在动手实践和与队员的交流中，这名同学变得不再以自我为中心，愿意多倾听别人的意见，与团队中同学的交往也变得更加融洽和睦。后来我又"放手"了更多的任务，交由他带领大家完成，并相信他一定可以非常好地完成工作。受到鼓励后的他信心大增，认真地对待自己的工作，并向大家虚心请教，分享交流，最终不仅很好地完成了任务，而且在整个参赛的过程中，和小伙伴建立了深厚的友谊。因为参与这次科技活动，他接触到了物理相关的知识及操作，使得他对本来一直不感兴趣的物理学科也逐渐产生了兴趣，并在学期末取得了不错的成绩。

三、在更高的平台让超银科创更强

在 2021 年担任学校科创研究中心主任后，我进一步加强了各校区科创工作的衔接和交流，并进行学习指导、活动策划等工作。我将自己积累的竞赛指导经验毫无保留地分享给各校区科技辅导员，通过个性化指导帮助青年教师快速成长，在科创研究中心内部实现资源共享，分工协作。通过定期召开各校区科技负责人会议，我总结、分析了各校区科创工作情况及存在的问题、应对措施，组织教师研究科创项目，解读竞赛活动规则要求，开展集中学习、交流。在集团化办学的便利条件下，我组织了校区间联合训练，帮助各校区协调解决在科创活动开展过程中遇到的困难和问题。随着时间的推移，各校区科技教师的业务水平得到了提高，并形成了科创工作的良性循环。一方面提升了超银学校整体的科创教育水平，另一方面各校区逐步形成了自己的优势科创特色项目。

在我和科创研究中心全体教师的共同努力下，超银学校的科创工作取得了喜人的成绩。各校区、各学段齐发力，在信息学、头脑奥赛、模型竞赛、发明创造等各领域赛事中，超银学子摘金夺银，将各大奖项收入囊中，不断刷新获奖纪录。

我对于教育的这份热情，根于平凡，根于学生心中对科学的梦想。学以求真，行以至诚。作为一名党员教师，我会继续坚守在教育一线，架起学生和科技殿堂之间的那座桥梁，让更多的学生能够在更广阔的舞台上驰骋。

潜心教育，匠心前行

青岛超银高中教务处副主任 王玉菁

2017年7月，作为超银高中首批教师中的一员，我开始了与超银高中共同成长的日子。我爱这群朝气蓬勃的青少年，就像爱自己的孩子，有时候我会想自己两岁的儿子未来会不会成长为他们的模样。我是2017级唯一的地理教师，时刻牢记自己的党员身份，静心教书、用心钻研，努力成为学科的探路者。我严谨治学，用情奉献，争做学生的引路人；我言传身教，用爱育人，成为学生的贴心人。

一、坚定目标求突破

在2018年6月举行的山东省普通高中学业水平考试中，2017级地理学科被认定为超银高中"市统考成绩最佳学科"。

学生在备考过程中时间紧、任务重，如何利用课堂时间进行有效复习非常重要。鉴于地理是文理兼顾的学科，我将要考查的知识进行了分类，哪些知识需要背诵来夯实，哪些知识需要做题来巩固，使学生学习的针对性更强，课堂学习更高效。在备课过程中我不仅要"细备"，更要做到"腹备"。只有我准备充分、胸有成竹，眼中才能有学生，学生才会觉得老师在"看"自己，思维才会动起来。在每次的教案展评活动中，我的教案都会被作为优秀教案进行展示。内容翔实、环节完整、精心设计、认真反思……一文一字无不体现出我在备课过程中的用心。学生备考的对应练习我也会精挑细选，对不同的题目进行反复推敲，通过最精当的题目帮助学生达到最佳的学习效果，老师进"题海"，学生出"题海"，从而实现真正的减负增效。

为实现学业水平考试"师生手拉手，一个也不丢"的目标，我在 2018 年 5 月份承担起校级公开课的任务，推出"小先生"帮带的教学法。从 40 人的班级中选择 8~10 位"小先生"，同时确保"小先生"在教室中的分布要相对均匀。这样不仅能培养地理学科的骨干学生，寓教于乐，也能充分发挥"小先生"对其他学生的帮带作用，在课堂上实现分层教学，让不同层次的学生共同进步，提高地理课堂的有效性。另外，我会在课后作业落实与答疑过程中发挥"小先生"的作用，如此，能更好地营造班级的地理学习氛围。不过"小先生"也不是每节课都要用，需要结合具体的课型、知识内容与难度进行适当调整。

二、潜心教改重本色

我始终坚持超银高中倡导的"精讲、善导、激趣、引思"的教学理念，努力培养学生"肯学、会学、乐学"的学习品质，积极参加学校组织的各项教研活动，开展课堂教学模式的探索和改革。在教学过程中，我逐渐摸索出"模块"复习和"小先生"帮带的教学方法，得到了全校师生的好评。

我们经常说教学相长，所以我在平日工作过程中不仅实行教师"教"的改革，也很注重学生"学"的改革，特别是在培养学生"学"的兴趣上下足了功夫。一方面，我坚持每节课让学生担任 2 分钟的"小老师"，这是我的地理课堂的一大特色。这种方式不仅丰富了学生的课外知识，培养了学生的学习兴趣，也提高了学生的表达能力，增强了学生的自信心。另一方面，在作业布置中，我坚持作业分层。"每日一题"为高考题或者高考模拟题，学生可根据自身需求选择性地"拔高"，题目的选择控制在学生的"最近发展区"，同时附有题目对应的背景知识介绍；"每周热点"是在夯实基础、提高能力的同时，让学生学会分析当前时事热点中的地理知识，培养他们的综合思维，提高学生的地理学科核心素养。另外，我会在周末布置观看与本周学习内容相关的地理纪录片。这些在无形之中营造了浓厚的地理学习氛围，为地理学科的有效学习奠定了良好的基础。

三、仁爱之心筑师德

自从当了妈妈，我更加理解每一位家长对孩子的期待以及对老师的期待。在教学过程中，我始终坚持尊重的教育、爱的教育、个性化的教育。

班里有一个学生，性格内向，不善于与人沟通，我将她选为地理科代表，鼓励她勇敢地表达自己的看法，她也渐渐开朗起来。一天，她送给我一份特殊的礼物——自己制作的"四有好教师"证书。来自学生心中的"证书"才是对老师最好的"证明"。她是众多学生中的一位，不同的学生也有不同的特点，我相信用不同的方式去激励和引导每一个学生，他们都会绽放出属于自己的光芒。每次学校的问卷调查中，学生对我的评价都很高，这激励我要更加努力，与学生"双向奔赴"，共同成长和进步。

作为一名年轻教师，我在虚心学习、静心教书的同时，对每个学生都抱有拳拳之心，正如我在每个学生作业本上写的或期待或鼓励的话语。我希望做一位温暖的教师，希望能成为每个学生人生中的"万分之一"幸运，让每个学生都觉得未来可期！

"90"后班主任的"带班术"

青岛崂山区书院学校(超银崂山校区)教师服务中心主任 王吉刚

2019年夏天，随着最后一名学生的报喜电话传来，我惴惴不安的心终于落了地。听着学生兴奋激动的声音，回首接班一年来的一幕幕，我禁不住热泪盈眶。当激动的心情逐渐平静后，我再次审视自己一年来的工作，终于能从自己慌乱忙碌的班主任首秀中，沉淀出一些值得自己坚持的经验。

一、改进管理做减法，树立班主任权威

第一次当班主任，一接手就是初三毕业班，这对我来说无疑是教师生涯中的一次"大考"。面对48个学生及背后的48个家庭，我知道我必须尽全部的力量才能圆满完成这项挑战。初三时间紧、任务重，没有太多试错的机会，我只能一边向身边的老教师取经，一边摸索并形成自己的风格。在从任课老师到班主任的角色转变中，我不断揣摩，选择了"做减法"的管理方式——能用眼神点明就不用语言交流，能精炼少说就不长篇大论。班里的男生喜欢体育运动，我就从网上找来有感染力的视频播放给他们看，从罗纳尔迪尼奥的"大师源自勤奋"，到科比"凌晨四点半的街道"，再到"像渴望呼吸一样渴望成功"的热血训练，效果远胜我枯燥的说教。家长会上我说"简单说几分钟"就真的只说几分钟。我前期不断修改的讲话稿缓解了家长的焦虑，激起了家长的斗志。在摸索中，我形成了干脆利索、宽严相济、点到为止的

管理风格，使学生及家长迅速了解并接纳了我，让我第一次体会到做班级的主心骨有多么幸福、多么重要。

二、因材施教，是老师也是暖心朋友

接班后，我的第一个任务就是迅速掌握学情，对每一个学生做出清晰定位，然后采取有针对性的方法。我首先圈出了班级内在级部排名 100～300 名并且理科成绩优秀的学生。这部分学生虽然处于中游，但是潜力巨大。理科好，说明他们的思维能力优秀，思维好但成绩不理想，一定是因为他们的心思不在学习上。一般来说，这部分学生的情商也不会太低，比较容易沟通。我的"从中等生开始抓起，和学生一一沟通"这个思路，恰好抓住了这个班级里最难以管理的学生，误打误撞地牵住了班级的"牛鼻子"。班里的小飞就是一个典型，他只学数理化，理科课堂表现特别认真，成绩突出，但他对文科始终提不起兴趣。为了解决这一难题，我首先从他的爱好入手。经过多方打听，我了解到他非常喜欢足球。当我针对他喜欢的球队、球星做足功课后，在一天的课堂上我装作不经意看到他笔袋里 C 罗的照片，随口点评了 C 罗最近一场球的表现，他的表情震惊中透露着激动，我知道，第一步"统一战线"肯定是没问题了。就这样，我们以"球友"的身份开始了第一次畅谈，我了解到他还有个一岁多的妹妹，父母因忙于照顾小妹妹无暇顾及他，以及他学习时经常会不自觉地分神等情况。我结合自己的成长经验给他出招，帮他逐一解决。事实证明，当学生拿你当"自己人"以后，很多原先说了也没有用的话逐渐变得有效起来。我指出了他现在的问题，也指明了如果他能改正，将来一定能取得巨大的进步。看着他眼中的泪水，我知道第二步"统一目标"也达成了。在随后的日子里，虽然我有时也批评他，但是他明白这是对他的期待。最终，小飞以优异的成绩考入五十八中。

班级里不只有外向积极的学生，对于一些情况比较特殊的学生，我会更加细腻温柔。班里的小青父母离异，爸爸常年在外工作，从小跟爷爷、奶奶生活的他无助又要强。面对这样一个学生，我认为支持和关心远比督促他学习重要得多。知道他要强不肯当面倾诉，我就隔三岔五通过微信和他聊天，给予他哥哥般的关怀与信任。中考那天，想到别人都是父母陪着进入考场，我早早地到他家楼下，假装与他偶遇，一路聊着天把他送进考场。毕业后的第一个教师节，看着他在二中给我录制的教师节祝福视频，我知道这个内向的大男孩什么都懂。

三、准确定位，是主心骨更是班级服务者

作为班主任，我将自己定位为服务者。学生努力、各科老师配合是班级"打漂亮仗"的关键，而我是这个团队中的协调员。比如，初三时面对中考这场"综合赛"，我深知，要想提升整体质量必须让学生全面发展，不能有"瘸腿学科"。作为班主任，我一定要了解班级每门学科的动态，然后合理地分配课时，与各科老师通力合作。我在中考前有效地调度了时间、分配了资源，成功地帮助我班实现了弱科补强、强科突出。

在一次班会中，我这样鼓励学生："和你们一样，我也经历过学生时代，也曾不理解，为什么学生时代辛苦的求学生活在父母和老师口中竟是最美好的时光。时至今日我懂了，求学生活之所以美好，是因为这段青春时光充满了希望。"2021 年，我从广饶路校区来到了新建的崂山校区，面对新的班级、新的岗位，我会尽我最大所能，为每个学生点燃希望，让每个生命闪闪发光。

用信任写成的完美答卷

青岛超银中学(广饶路校区)语文教师 苏永新

"只问耕耘，不问收获"是我的座右铭。我始终坚持凡事往好去想、往好去做，我相信每一个学生，这份信任也让师生彼此成全，同心协力交出一份份圆满的答卷。

一、让学生在最美的预言里成长

班主任是一个班级的灵魂，作为一名党员，我更加知道自己的责任，作为学生的引路人，我希望每一个学生都能绽放出光彩。每次上语文课前，我都会仔仔细细地备好课。在备课的过程中，我会预设哪个知识点是重要的考点、哪个知识点学生容易混淆、哪个知识点是学生喜欢听的，然后思考如何将这些知识点讲透，将我的课堂变得生动，让学生成为课堂的主人，大胆质疑，精彩发言。

我尊重每个学生，希望我的学生能够感受到学习的幸福与快乐，全力以赴地为理想而奋斗。在教学生涯中，我一直很认同一句话："每个人都活在自己的预言里。"看着这群青涩、纯真，充满着无限可能的少年，我希望他们都能在最美的预言里自信成长。身为语文老师，我从初一第一堂课就坚定地告诉学生："你们每一个人都可以成为语文的学优生。"在每个学生的心中根植了对语文学习的信心。

我相信每个学生，这也让他们对我特别信任。学习的旅程中，老师的信任如同一道光，指引着他们前进的方向；对于学困生，这份信任更会幻化成无穷的力量。每个学生的身上都有闪光点，对学困生来说，更要让他们看到自己的光芒。三年来，我不遗余力地创造各种条件，为他们的每一次点滴进步大声喝彩。班里有个学生语文考试从未及格过，有一次他破天荒地考及格了，我专门为他设立了一个"飞跃奖"，很郑重地让他和学优生一起上台接受颁奖，并把他手拿奖状的照片贴在教室门口的荣誉榜上。那天，这个学生笑得格外甜，甜甜的笑容里闪烁着耀眼的光芒。我相信，一个学生从此被照亮了。

二、"我和你们在一起"

"我和你们在一起"是我常对学生说的一句话。我很少疾言厉色，喜欢在春风化雨中引领大家努力前行，学生的向师性也特别强。2020年初，突如其来的疫情一下子打乱了正常的学习节奏，中考已进入倒计时，学生却无法到校上课，焦虑、浮躁的情绪开始在学生心中滋生。为了让学生和家长安心，每天所有的网课，我都会进入空中课堂跟进，观察学生的状态，及时与有问题的学生进行沟通。晚上的自习时间，我也会在网络上陪着学生。我对学生说："只要你们在线学习，我就会一直陪着你们。"就这样，整个疫情期间，他们在那头，我在这头，我们彼此鼓励、彼此守望。

即使是这样，复课后我们班的整体状态依旧不理想。此时，距离中考还有不到60天的时间了，学生又面临着中考政策的调整，没有太多经验可供借鉴。尽管那时我也十分焦虑，但我是这个班级的领队，不到最后一刻，我绝对不会放弃。于是，我在学生面前收起所有的压力和焦虑。那段日子里，每天到校之前，我都会把自己整理得精神百倍，用坚定的眼神看着每个学生，那时候我对全班说得最多的一句话就是"我相信你们"。每天入校和放学时的加油打气已成为我们师生之间最默契的仪式。与此同时，我召集各科老师坐下来群策群力想办法，和数学、英语老师迅速研究制定策略。我们三位老师放学后在网络上开启空中自习室，轮流值班，随时为学习上有困难的学生进行一对一答疑，终于在最关键的冲刺时刻力挽狂澜。

1 000多个日日夜夜，我每天早出晚归，跟同学们朝夕相处，虽然辛苦，但我甘之如饴，因为在我的心中，一个学生的幸福就是一个家庭的幸福。学生每天学得开心、学得有效，家里的父母、亲人也会充满力量，在各行各业里发光发热。我不仅仅是教学生成才，更是和谐社会坚定的同行者。

三年的陪伴，我坚定的信任给了学生最温润的滋养和最强大的动力，支持着他们执着地全力追梦，并在三年后绽放出最绚烂的花朵。每每想到这些，我就觉得一切的付出都是最值得的。如今，我的一届届学生已经奔向远方，在更加广阔的天地里继续追梦，我将原路返回，继续耕耘在教育第一线，带领着新一批的学生继续筑梦、圆梦。作为一名党员，我深知信念的力量，我会在三尺讲台上，以信任为尺，用满怀的爱心，带领他们奔向远方。

希望学生谈起我，
眼里是有光的

青岛超银中学（金沙路校区）英语教师 裴新颖

2020 年于我而言是特殊的一年。我是家里四岁孩子的妈妈，是肚子里即将出世孩子的妈妈，也是班里 40 多个学生的"妈妈"。得知自己怀孕后，我暗下决心不能落下任何教育教学进度，一定要像身边所有初三老师一样努力、敬业。作为党员教师，我深知要始终冲在最前方，不断告诉自己："我没有什么特殊的，别人做的工作我也要按时并保质保量地完成。"

一、带着肚子里的宝宝送完初三

新冠疫情期间，学校停课不停学，学生居家上网课。这对所有的老师、学生和家长来说都是一次前所未有的挑战。一是各种电子设备的控制，二是隔着屏幕要采取新的教学手段和监测方式，三是要求班主任利用一切机会多跟学生沟通，让学生明确网课期间要对自己负责任，复课后才能不掉队。

就是在这快节奏的特殊时期，我发现自己怀孕了。我几乎没有安排任何休息时间，其他老师上网课时，作为班主任，我也会进入空中课堂，监督学生的学习状态，课后抓紧时间批改作业，从宏观到微观，全面了解学生。疫情期间，毕业班的老师要付出比平日更多的时间和精力，对于孕期的我来说，连下楼走几步运动一下的时间都是奢侈的。说不关心肚子里的宝宝那是假的，但我更放不下班里的 40 多个学生，因为 40 多个学生关系着 40 多个家庭的命运，不能掉以轻心。我在整个初三冲刺阶段克服了身体上的种种不适，直至把学生送入考场。

二、因为足够了解，所以才敢"激将"

我认为班主任不仅要教授知识，还应该关注学生的成长。观察力是班主任的基本功，这也是我平日把办公室搬进教室坐班的目的。

初三最后冲刺的日子里，我发现班里的姜同学情绪反常，进一步了解后得知姜同学的家中出现了种种问题，他面临着巨大的压力。家长觉得他很难考入优质高中，当我询问他的报考志愿时，姜同学竟然表达出要彻底放弃的意思。听了这个答案，我感到震惊，我知道这个平日经常围着我转的学生自尊心很强，很注重我的看法和态度。于是，我想"搏"一下自己在学生心里的地位。我认真地说："好！那你就彻底放弃，不要后悔。"他听后愣住了。我接着说："我跟所有老师都说看好你、相信你，现在看来是没有用了。"姜同学听完哭着说："老师，我错了，不该让你失望。"那一刻我知道自己的"激将法"奏效了。

果然，在以后的日子里，姜同学的学习态度有了质的转变。他积极投入学习，每天都在问问题，还有个专门用来记录的小本子。我会当着全班同学夸奖他的状态，许多同学纷纷效仿，他每次到讲台前问问题，都有很多同学一起过来"蹭题"听。一个学生带动了全班学生的学习积极性，这让他很有成就感，最终姜同学以优异的成绩考入二中。

三、静候每一朵花的花期

班里的王同学，成绩不算特别突出，但他个性特别强，应付作业，上课犯困，对老师任何方式的管教都无动于衷……他并不知道这一切对于他而言意味着什么，但他的家长已经急得团团转了。因为管教孩子，家中经常发生"大战"，他的妈妈会时不时向我求助。

通过我的观察，我发现王同学是一个特别要面子的学生，但他就是无法为自己的行为做主，总是跟不上班级的节奏。于是，我决定当他再出现问题的时候先进行"冷处理"，不点名、不批评。当他发现其他有问题的同学被我逐一找到且批评后，他却收不到任何消息和电话，内心突然惶恐了。这之后的一天，他把所有作业都交齐了，我的"冷处理"奏效了。从那天起，王同学每天的作业都是齐全的。我就这件事在班里非常用心地表扬了他，让他备受鼓舞。

我告诉他，这样做的目的就是让他意识到自己的问题，我一直在陪伴和等待他醒悟。他明白我的良苦用心后，在班里变得活跃起来，存在感明显提升，他感受到了自己是班里不可或缺的一分子。就是这样坚持着、努力着，王同学在中考时达到了五十八中录取线。毕业后他给我写了一封信，信里这样写道："感谢裴老师当年的不弃之恩，您看得见我身上的好，您给了我尊重，为了您和自己努力的感觉太棒了。您原谅我所有的不足，我便知道要用100％的努力和汗水来回报您的信任……"

教育的方式有千万种，但所有的方法都基于老师的付出和对学生的爱。我希望学生毕业以后能够记得自己曾经有我这么一位老师，当谈起裴老师时，他们的眼里是有光的。

好老师堪比好妈妈

青岛超银中学（镇江路校区）数学教师 顾晓星

点亮学生人生，陪伴学生成长，是每位教师的职责。身为一名党员，我勤勤恳恳、兢兢业业，时刻在自己的工作岗位上发挥着带头作用，在平凡的岗位上努力散发着自己的光和热，用爱温暖每一个学生。

一、"母系"教师，真诚引导

班主任需要爱心，更需要教育智慧，经过多年的探索，我逐步形成情理并行、严爱相济的工作风格和育人理念。在"问题学生"面前，我笃信"触动心灵的教育才是最成功的教育"。在班主任工作生涯中，我用爱心滋润、守护学生身心成长，将学生视如己出，他们也因此亲昵地称呼我为"顾妈妈"。

正值花季的学生总有自己的青春期小烦恼。我班的张同学学习认真，但是性格有些内向、不自信，他在测试前会有很强的焦虑情绪，甚至会逃避测试。担任班主任后，我通过跟学生的日常相处以及跟家长的深入沟通，进一步了解了张同学的情况。一次检测前的周末，我给张同学买了些零食，并主动邀请她和我一起玩游戏。我一边玩减压游戏，一边对张同学进行心理疏导，帮她打开了心结。那以后，我看到了张同学在考场上自信从容的笑容，也是从那时开始，这个可爱的学生每天早晨都会悄悄塞给我一个鸡蛋，这成了我俩的小秘密。

假期里，我接到李同学妈妈的电话，她说李同学在家拒绝跟她和李爸爸交流。在我眼里，李同学是一个听话懂事的学生，成绩优异、心地善良，是什么原因让他宁愿自己躲在房间里看动漫，也不和爸爸、妈妈说话呢？我决定通过家访了解他的想法。通过跟他谈心，我发现是李同学的妈妈存在过度焦虑的情况，对他的要求非常苛刻，久而久之他便关上了心门，不再跟家人表达自己的真实想法，甚至拒绝沟通。面对这一情况，我分别与家长和李同学进行了沟通，然后邀请双方面对面地坐下来，让家长倾听孩子的心声，渐渐地，双方关系得到了改善。后来李同学悄悄地对我说："顾老师，没有您，就没有今天的我。"

二、"家系"教师，暖心呵护

我每天都要求自己尽早来到教室，在组织好学生打扫卫生、晨读之后便投入到一天的工作中。学生休息时是我最忙碌的时候。晚托管放学时，我会将自己班级的几十名学生一一送到家长身旁再离开。"学生在学校，有您，我们放心！"这是我们班的家长说得最多的一句话，质朴而真挚。

杨同学的家离学校较远。有一天他身体不舒服，他的妈妈不会开车，家里还有人需要照顾，他的哥哥又在工作，赶过来接他需要几个小时的时间。为了不耽误治疗，我直接带着杨同学去了医院。大夫刚开始还在诧异我这个不称职的"妈妈"怎么连孩子有没有药物过敏史都得打电话确认，当听到学生称呼我"老师"的时候，大夫意味深长地看了看杨同学，当他看到杨同学校服上的"超银"字样时，感慨地说："原来你是老师啊。"脸上充满感动。

有段时间金同学母亲二胎临产，韩同学姥姥病重需要人陪护，那时正面临学生开学，家长跟我沟通家里照顾学生有困难，这两个学生家离学校又比较远，我当即回复家长："你们忙吧，学生就交给我了。"于是，我开启了既当老师又当"妈妈"的日子。那段时间我儿子对他爸爸说："每晚都等到很晚，就为看妈妈一眼，因为第二天早上起来妈妈又要带着'哥哥'去学校……"

三、"虎系"教师，冲锋在前

作为一名党员教师，我愿意把自己的光和热散播到更广阔的教育沃土上。

担任班主任期间，我曾两次临危受命中途接班，当领导告知我这个任务的时候，我没有半点犹豫，欣然接受了学校的安排，积极投入到工作中。有两次因为过度劳累，我晕倒了，但我毫无怨言。在集体利益和个人利益发生冲突的时候，作为党员，我从来没有提过个人困难，接到任务第一时间迅速投入，迎难而上。

在教育工作中，我牢记习近平总书记提出的"积极探索新时代教育教学方法，不断提升教书育人本领"的要求，将学习、实践、反思、再实践作为提升自己教育教学素养的方法。我积极参加各种教学研究和课题研究，以研促教，大胆创新，不断提升自己的教育教学水平。多年来，我所带的班级一直是学校里班风正、学风浓的先进班集体，我也屡次收获肯定，先后获得"优秀班主任""三八红旗手"等荣誉称号。带着对教育事业执着的追求和强烈的责任感，我在讲台上用爱浇灌每一朵希望之花。

燕子去了，有再来的时候；杨柳枯了，有再青的时候，但岁月如流水般一去不复返。送走了一届又一届毕业生，我仍旧每天在三尺讲台上不断更新着我的教育教学故事。"桃李不言，下自成蹊"，工作上的成绩只能代表过去，开拓事业的铧犁还很沉重，每天都站在新的起跑线上，我愿用对学生的爱心、对家长的耐心、对事业的恒心，诠释"传道受业解惑"的教育初心，继续用爱温暖更多的学生。

2022 年 10 月，党的二十大报告明确提出，要完整、准确、全面贯彻新发展理念，着力推动高质量发展。要坚持教育优先发展，加快建设教育强国，坚持为党育人、为国育才，办好人民满意的教育。近年来，从中共中央、国务院印发的《深化新时代教育评价改革总体方案》到教育部关于中小学"五项管理"规定，到引发全社会关注的"双减"政策，再到《中华人民共和国家庭教育促进法》的正式出台……国家层面上的一系列举措清晰地释放出一个信号：我们的党和国家正在不遗余力地打造高质量的教育体系。这些举措让教育逐渐回归其本来的角色，对教育质量也提出了更高的要求。

在荣获中国质量奖提名奖后，超银学校将继续用高质量的教育惠及更多的学生和家庭。教育的本质是塑造人性、孵化灵魂、启迪智慧。这是超银教育永恒的出发点和落脚点。2021 年 9 月，《青岛超银教育集团关于进一步落实"双减"政策的实施方案》出台，经过探索与实践，超银学校进一步减轻了学生的学习负担，提升了他们的学习兴趣，激发了他们的学习内驱力。超银学校通过"和衡"模式下各个子模式的支撑与应用，让科研助力课堂增效，让"双减"赋能学生成长，为更多的学生点亮人生。

超银学校将继往开来，不断学习先进理念和经验，持续发展改进，努力为实现教育高质量发展贡献超银力量！

2022 年 10 月